マイナビ新書

人生を豊かにしたい人のための
珈琲

José. 川島良彰

マイナビ新書

はじめに

近年のブームで新たにコーヒーに目覚めた方も多いと思います。この本は単なるハウツー本ではなく、はるか海の向こうのコーヒー生産者の実情からあなたの目前にあるカップの中のコーヒーまでがどのようにしてできているか、そこにはどんな問題があるか、どうしたら美味しいコーヒーが飲めるのかを語り、コーヒー好きの初心者の皆さんの参考にしていただける本にするつもりです。

筆者は長らく「コーヒーハンター」と呼ばれ世界の未知なる品種を探し、延べ3000か所以上の農園を訪ねたほか、ジャマイカのブルーマウンテン、ハワイ島のコナ、スマトラ島のマンデリンの農園開発や、世界中で絶滅種の調査・探索や栽培指導などをしてきました。

コーヒーに興味を持ったきっかけは非常に単純で、静岡の実家が珈琲焙煎卸業だったからです。幼い頃からコーヒーの麻袋がうず高く積まれた倉庫が遊び場で、幼稚園頃から父が淹れてくれるミルクと砂糖入りのコーヒーを飲み始め、さまざまな言語や絵柄がプリントされた麻袋に、まだ見ぬ産地への夢をふくらませてきました。

当初は家業を継ぐつもりでしたが、川上の栽培から勉強したいと思い、中米・エルサルバドルの国立コーヒー研究所で勉強するうちに、すっかり栽培・精選にのめり込んでしまいました。

コーヒーは何かと蘊蓄《うんちく》を語られることが多く、「とかく面倒くさいもの」と思われる側面があるかもしれません。実際非常に奥の深い嗜好品ですが、最初からハードルを上げなくても大丈夫です。

古い発想ではオトコの飲み物だとかコーヒー道とか、あるいは抽出とは、焙煎とは……などと論じられたりもしますが、私でさえ「もうちょっと、みんなで楽しく気軽に飲めばいいのに」と思ったりするほどですコーヒーはコーヒーベルトと呼ばれる赤道を挟んだ南緯25度〜北緯25度の熱帯の国々で栽培され、日本にやってきます。生産国を考える時、それは地政学にも関係します。西アフリカに多い元フランス領の国々では、高温多湿で低い土地での栽培に適したロブスタ種（インスタントコーヒーや安価なレギュラーコーヒーなどに多用される）が多く、深く煎ることで麦茶を焦がしたような嫌な香りを隠せます。深煎りの呼称に「フレンチロースト」があるのはそのためですし、これがミルクとよく合うためにカフェオレが生まれたのです。

ちなみにイギリスの植民地が多かった東アフリカではストレートの飲用に適したアラビカ種がメインで、寒暖差がある高地で植えられています。

私の本分である未知のコーヒー品種を探すコーヒーハンティングは、まさに地理と歴史から始まります。美味しい品種としてしばしば名が挙がるブルボン種は当時の列強によってイエメンからブルボン島に移植され、そこからアフリカや中南米の植民地へと広まった歴史があります。世界にコーヒー栽培を広めたのは列強が所有した東インド会社やキリスト教の宣教師たちです。そのはるか以前に、イスラム教がコーヒー文化を作りました。このように宗教とヨーロッパの列強がコーヒーを広めた経緯があります。

また、昨今のＳＮＳの発展で、誤った情報が伝播していることが気になります。業界内でも品種や精選の誤解、また長らく誤用されている言葉などもあり、生産国と消費国の両方を知っている人間として、そうしたことも正しくお伝えしたいと思います。

本書は私自身が初めて執筆する、初心者の皆さんに向けた一冊です。皆さんがコーヒーにまつわる各方面のトピックに触れて知識を増やし、本書のタイトルにもある通り、コーヒーで「人生を豊かに」するための一助になれば幸いです。

２０２２年５月　José. 川島良彰

人生を豊かにしたい人のための珈琲

目次

第3章　コーヒーが焙煎ばかり語られがちになる理由

第6章　コーヒーはワインと同じようにフルーツである

第7章　SDGsがコーヒーの品質を上げ、市場を変える

第8章　コーヒー文化の成熟はこれから

第1章

本当に美味しいコーヒーとは

美味しいコーヒーは、冷めても美味しい

そもそも美味しいコーヒーとは、どんなものを指すのでしょう？　私なりにその定義をひとことで言えば「冷めても美味しい」です。まずいコーヒーは、冷めたらミルクと砂糖を入れないと飲めない。こんな経験をされた読者はたくさんいると思います。

何はさておき、まずはこれを覚えてください。

「酸味のあるコーヒーが苦手」という話もよく聞きます。ウォーマーで長時間加熱して酸化した、酸っぱいコーヒーのことを仰っているのかもしれません。コーヒーは甘味と酸味を楽しむものですが、コーヒー本来の酸味と、酸化した「酸っぱさ」は違います。ツンとした酸味は酸化です。英語でいえば、コーヒーの酸味はacidity（アシディティー）です。そして酸化した酸っぱさはsour（サワー）です。

少しでもコーヒーをかじった方なら「コーヒーはフルーツである」と聞いたことがあるかもしれません。これは私が言い始めた言葉で後に各章で詳説しますが、コーヒーはワインと同じようにフルーツからできた飲料です。だからこそ取り扱いもフルーツ同様でなければいけません。クオリティと同じく鮮度も重要。抽出以前にあたる輸送や保管面での鮮度も、店や家庭における抽出して飲むまでの鮮度も大事です。

美味しい珈琲店を評する言葉のひとつに「注文ごとに1杯ずつ挽いて抽出してくれる」などとあるのは、このためです。きちんとした専門店であれば、そうした淹れ方で提供してくれることでしょう。

一方、昔の一般的な喫茶店では、やぐらに張った大きなネル（抽出用の布袋）で一度に10〜20杯分を淹れて保管し、注文ごとに小鍋で沸かし直して提供していました。これではどんどん酸化してしまいます。昔のコーヒーの味はそれだったわけで、ひとつの文化なので否定はしませんせん。ですが、美味しいコーヒーを飲むためには、一度に大量に淹れて沸かし直すのは決していい方法ではありません。大きなコーヒーメーカーで抽出したコーヒーを加熱保温しているのも同様です。コーヒーは加熱すると急速に酸化します。

コーヒーは、産地で育てて収穫するところから淹れるまで、すべての段階で正しく扱ってこそ、美味しいコーヒーになるのです。

輸入品ならではの歴史とコーヒーの味

私の父は、1953年（昭和28年）に焙煎卸業を始めました。終戦から8年後の当時はまだコーヒーの生豆がなかなか手に入らなかった時代です。父はサツマイモを蒸して挽肉用の手回しミンチにかけ、屋根の上で干し、丸く固まったそれを焙煎して「代用コーヒー」として売っていました。

サツマイモのほかにチコリの根も使われていて、その方が高級品だったそうです。本物のコーヒーがなかったから仕方ありません。戦前にコーヒーを嗜《たしな》んだ人々が、戦争が始まりコーヒーが飲めなくなりました。ようやく戦争が終わってもなかなか本物のコーヒーが市中に出回らず、「代用でも、コーヒーを飲めるだけで幸せ」という人々の欲求を満たしていた時代が、そう遠くない昔、日本にあったのです。

生豆の入手は非常に困難で、主に駐留米軍の放出品か盗品が出回っていたそうです。

日本のコーヒーの輸入は1950年に再開されましたが、完全に自由化されたのは1960年になってからです。我々の先人は、そんな中でもなんとか工夫してコーヒー文化の火を消さず頑張ってきました。

自由化されたと言っても日本円の対ドル為替が360円の時代で、外貨規制もありましたからそんなに簡単に生豆を輸入できません。私がお世話になった前職の創業者から聞いた話ですが、初めてコロンビアからコーヒーを輸入した時は自転車とのバーター契約だったそうです。

　つまり購入するコーヒーの代金に見合う数だけ自転車を日本で購入し、それを輸出することで決済をします。そうすれば、入手が難しいドルを使わずに済みます。

　その後は円の為替も300円まで上がり、通常のコーヒーの輸入が始まりましたが、品質を選べるような域までには達していませんでした。

　私がエルサルバドルの国立コーヒー研究所で学んでいた1977年、父にお前が一番いいと思う豆を選んで2袋（1袋69kg）送ってくれと頼まれ、コーヒー関係者の助言を受けながらたどり着いた精選所で買いました。

　そのコーヒーを受け取った父から、

「こんなに粒が揃っていてきれいな豆、日本では見たことがない！　それに本当にうまい！」

「しかし高いな〜」と言われました。

これが私の人生で最初のコーヒーの買い付けでしたが、父があんなに喜んでくれるとは思いませんでした。直接精選工場から買ったので、輸出業者にマージンは取られていませんが、高かったのは運賃です。2袋だけ送るのは、とんでもないコストがかかることも覚えました。

1970年代の日本には今のようにいい豆はなく、世界のコーヒー業界では、日本は「ニューマーケット」という扱いでした。コーヒー新興国を意味するニューマーケットに対し、アメリカやヨーロッパは「トラディショナルマーケット」と呼ばれていました。当時は、品質とは関係なく消費量で区分けされていたのです。

日本で美味しいコーヒーが広く流通するようになったのは、1980年代になってからのことです。将来有望な消費国に成長すると予測したICO（国際コーヒー機構）が、日本のコーヒー業界に多大なサポートをしてくれたからです。その受け皿として1980年に社団法人化されたのが全日本コーヒー協会です。

協会は10月1日をコーヒーの日と決めて飲用促進のキャンペーンを行いました。この日がＩＣＯの会計年度の始まりにあたるので、敬意を表して決めたのです。ちなみにコーヒー豆の収穫年度は、10月1日から翌年の9月30日で表記されます。たとえば今（２０２２年５月）取引されている豆は、2021/2022収穫となります。

話は前後しますが、コーヒー生豆の輸入自由化とともに日本の喫茶店文化が興りました。全国各地に喫茶店がオープンし、その中から珈琲専門店が生まれました。それぞれの店でネルドリップやサイフォン、水出しと抽出方法も多様性があり、技術を競い合っていました。これはやはり日本人の凝り性な気質のなせる技でしょう。当時世界でもこれほど多様な抽出方法を実践していた国はありません。

輸入された生豆のほとんどが業務用、つまり喫茶店やレストランで消費されていました。缶コーヒーも生まれる前で、家庭でコーヒーを淹れる習慣はありませんでした。

カフェコロラド（ドトールコーヒーのフルサービス版）が生まれ、チェーン展開を始めたのは1970年代です。その後にセルフサービスのチェーン店が流行り、スターバックスが日本に来たのは1996年のこと。

それと前後する1980年代後半から始まり1991年に崩壊したバブル景気は、日本のコーヒー業界にも大きな影響を及ぼしました。バブル前後で喫茶店は約7分の1に減少。土地転がしや家賃の高騰などで多くの喫茶店が立ち行かなくなってしまったのです。

バブル後になってその喫茶店に代わって生まれたのが、自家焙煎店です。この頃になってようやく、質の高い美味しいコーヒーが広く輸入されるようになりました。これは、ドイツのベルリンの壁崩壊も影響しています。私がエルサルバドルで学生時代を過ごしていた当時、中南米の最高級豆は西ドイツに輸出されていて、ニューマーケットの日本向けはその次のグレードでした。頻繁に輸出会社に遊びに行ってコーヒーの品質評価を教えてもらいましたが、「お前も将来コーヒー屋になるならドイツ人のようなバイヤーになれ」と言われたものです。

そのくらいドイツのコーヒーは品質面で進んでいました。しかしベルリンの壁が崩壊して東西ドイツが統合してからは経済が悪化、コーヒー好きのドイツ人の消費量こそ減りませんでしたが、安価なコーヒーの輸入が増えました。

日本は、徐々に消費量も増えトラディショナルマーケットと認められるようになり、ドイツの代わりに品質のいい豆が輸入されるようになったのです。

コーヒーの品質

コーヒーの品質はどうやって決まるのか。

日本で出版されているコーヒー関連書籍で語られる内容は、もっぱら焙煎や抽出にフォーカスしたものばかり。産地のことに触れている書籍でも、首をかしげる内容がよくあります。コーヒーの味の決め手は、第一に生豆の品質と鮮度、第二に焙煎技術と焙煎豆の鮮度です。

これからストレートで飲用されるアラビカ種にフォーカスして、栽培と精選の説明をしますが、その前に簡単にコーヒーの品種の話をしましょう。

コーヒーの本を読むと、「コーヒーの三大原種」としてアラビカ種、ロブスタ種、リベリカ種と書かれているのを見たことがあると思います。何をもって三大原種というのかさっぱり分かりません。コーヒーの原種はもっとたくさんありますし、そのほとんどが飲用に商業栽培されていません。リベリカも商業栽培されておらず、アラビカやロブスタのように国際的な取引所も存在しません。

また厳密に言えば、カネフォラ種の中のひとつの品種がロブスタなので、アラビカ種に対してはカネフォラ種というのが正しい言い方です。しかし市場では、ロブスタが代名詞のようになっています。本書では、皆さんが分かりやすいようにロブスタと表記します。

それでは、アラビカとロブスタを比較してみましょう。

アラビカとロブスタの比較

	アラビカ種	カネフォラ種（ロブスタ）
世界の生産量に占める割合	55%	45%
使用目的	ストレート	インスタント 缶コーヒー ブレンド
稔性	自家稔性	自家不稔性
染色体数	44	22
カフェイン	1.2%	1.8～2.4%
病気（サビ病、CBD）線虫	耐性なし	耐性あり
主な生産地域	中南米 東アフリカ アジア	ベトナム、インドネシア、ブラジル、西アフリカ
取引所	ニューヨーク市場	ロンドン市場

ロブスタは、アラビカに比較して品質が落ち取引価格も3割ほど安くなります。ですから味付けができるインスタントや缶コーヒーに多く使われます。またブレンドコーヒーの増量材としても使用され、その割合は製品が安価になればなるほど増えていきます。ブラジルは世界最大のコーヒー生産国ですが、生産量の35%くらいがロブスタです。アジア諸国でも両方植えている国がありますが、アラビカは輸出に回して外貨を稼ぎ、ロブスタを国内消費に使っています。ベトナムは世界2位のコーヒー生産国でロブスタでは1位です。生産量の95%以上がロブスタで世界中に販売しています。

アラビカ以外のすべての品種の染色体数は22(※)で、自家不稔性です。自家不稔性のコーヒーは、同一の個体の花粉では実がなりません。つまり同じ親から生まれた種子で苗を作り隣同士に植えても受粉しません。それに対しアラビカの染色体数は44あり、自家稔性なので蕾《つぼみ》が開く前に95%くらい受粉します。つまり理論的には、アラビカ以外のコーヒーは違う品種同士で自然交配する可能性があります。しかしアラビカと交雑することはありません。ただし突然変異で染色体が倍加し、アラビカと自然交配したケースはあります。

やはり日本のコーヒーの本やインターネットで検索すると、ロブスタは病虫害に強いと書かれていますが、厳密にはこれも間違いです。特定の病気や線虫には耐性がありますが、すべての病気や虫に強いわけではありません。

※植物や動物の細胞核には遺伝子を含んだ染色体が入っています。ちなみに人間の染色体の数は46です。

生豆の品質はどうやって決まるのか

環境条件

どのような環境でアラビカ種が育つのか、それをひとつひとつ説明していきましょう。イメージ的には、とても暑いところで栽培されていると思われがちですが、アラビカ種は熱帯の日中は暑く、朝晩は涼しい暮らしやすい環境で育ちます。

大陸や大きな島ではこのような自然環境は高地に行くと得られますが、低地でも同様の環境が得られればコーヒーは育ちます。

ハワイ島のコナコーヒーの栽培地域は、300メートルから600メートルと、大陸の産地なら暑過ぎてコーヒー栽培には適さない高度で植えられています。この島の西海岸は、昼間は海からの暖かい風と熱帯の太陽で温度が上がり30度以上になりますが、夜はマウナロア山やフアラライ山からの吹きおろしで一気に温度は下がり10度以下になることもあります。

土壌

pH5〜6の弱酸性土壌を好みます。pH7が中性でそれ以上はアルカリ性です。ワインの原料ブドウは、pH6・5〜7・5の弱酸性から弱アルカリ性の土壌が適しています。ブラジルのコーヒー産地として有名なセラード地域は、強酸性土壌なので毎年大量の石灰を入れて弱酸性にしています。

気温

上は30度以上でも問題ありませんが、3度以下になると葉が焼けてしまう可能性があり、6度前後でも風が吹くと影響が出ます。寒暖差のある畑の方が熟すのに時間がかかり、美味しいコーヒーができます。

雨量

一般的に年間降雨量1600ミリと言われていますが、一年中雨が降るような環境では、品質面で収量も期待できません。コーヒーは、乾いた時期が必要なので、雨期と乾期に分かれている気候が適しています。

高度

高度の上限も下限もありません。前述のように気温が重要です。最近よく農園の高度を明記しているコーヒーがありますが、高ければ美味しいというわけではありません。地形や風も大きく影響します。また仮にまったく同じような高度と自然環境だったとしても、緯度が変われば気温が変わります。赤道に近い産地と北緯15度のグアテマラの産地とは気温も違います。

シェード（日陰樹）

もともとアラビカ種は、エチオピアの森で生まれた植物なので日陰で育ちます。ですから原種と呼ばれる品種は、シェードグローン（日陰栽培）に適しています。農園を開発する際は、コーヒーに日陰を作ってくれる大きな木を残して畑づくりをするか、更地の場合は日陰用の木を、コーヒーの苗を植える前に計画的に植えなければいけません。しかし突然変異や人工交配で生まれた品種の中には、日陰が必要ないものもあります。よくブラジルの農園風景で延々と広がるコーヒー畑の写真がありますが、これはサングローン（日なた栽培）のコーヒーです。

風

風の影響を受けやすいので、強風が吹く地域では防風林を植えて畑づくりをします。

熟度

コーヒーは、バナナのように追熟できず、枝から摘んだらその状態で止まってしまいます。収穫のタイミングは、味に大きく影響します。未熟の豆は渋みやえぐみの原因となります。

精選方法の違いはぜひ覚えたい

精選方法の違いは、コーヒーの味の違いに直結します。ウォッシュト、セミウォッシュト、アンウォッシュトという主要な3つの精選方法（プロセス）はぜひ覚え、焙煎店の店頭でコーヒー豆を選ぶ際にも参考にしたいところです。
収穫後のコーヒーの精選は、大きく次の2つに分けられます。

・赤い実から乾燥まで
・乾燥後から生豆まで（ドライミル）

乾燥後から生豆までの工程はひとつしかありませんが、乾燥までの工程は「ウォッシュト」「セミウォッシュト」「アンウォッシュト」の3つに大きく分けられます。

ウォッシュト（水洗式）

果皮・果肉を取り除き、水洗いをして乾燥したコーヒー。コーヒーは、果肉の部分がミューシレージと呼ばれる薄いジェリー状になっています。このミューシレージは、パーチメントと呼ばれる生豆を覆う殻に付着していて、これを取り除いた後に水洗いします。これは19世紀中頃に開発された製法で、それまではすべてアンウォッシュトでした。

セミウォッシュト（半水洗式）

果皮だけを取り除き、パーチメントにミューシレージが付いた状態で乾燥させる方法。地域によってはセミウォッシュトをハニーコーヒーと呼んでいます。蜂蜜のように甘いからと説明している人もいますが、そうではなくミューシレージを特定の地域でミエル（スペイン語で蜂蜜の意味）と呼ぶからです。ミューシレージもスペイン語の本来の単語は、ムシラゴです。またブラジルでは、このプロセスを、パルプドナチュラルと呼びます。

ちなみにスマトラ島のマンデリンのセミウォッシュトは、まったく違う製法です。果皮を取り除きミューシレージが付いた状態で半日ほど干し、まだ生乾きの

上／水洗式の天日乾燥（グアテマラ）。
中左／コーヒーチェリーは節に密集して実る。
中右／コーヒーの花は可憐な白色。
下左／種床。よく見るとまさに「コーヒー豆」から芽が出ているのが分かる。

状態でパーチメントを脱殻してしまい、生豆の状態で最終乾燥させる独特のプロセスで、スマトラ式とも呼ばれます。

アンウォッシュト（非水洗式）

果皮も取らずコーヒーチェリーの状態で乾燥させる一番古い方法。

アンウォッシュトを、最近ではナチュラルと呼ぶようになりました。ウォッシュト製法が確立されて以降、ブラジルを除くアラビカ種の生産国のほとんどがウォッシュトを採用しています。しかし大量生産に向いているアンウォッシュトは、ブラジルのアラビカかロブスタ生産国で使われてきました。ですからアンウォッシュトは、品質的に劣るイメージがあったのです。そこでナチュラルという言葉で呼ばれるようになりました。

最近のスペシャルティコーヒーブームで生産者が差別化を図るようになり、それまでウォッシュトだった中米の生産者の中で、大量生産とは違う手間と時間をかけたナチュラルコーヒーを作るようになりました。一般的なアンウォッシュトは、水切り程度を天日乾燥場で済ませて乾燥機に入れてしまいます。しかし手間と日数をかけてゆっくり天日で乾燥させると、ミューシレージがパーチメントを通して豆に浸透しフルーティーな香りを出すようになり、付加価値がつきます。ですからナチュラルと言っても、ふた通りあることは覚えておいてください。

キュアリング

日本で出ているコーヒー関連の書物や記事には、キュアリングのことはほとんど触れられていませんが、味に大きく影響する非常に重要なプロセスです。乾燥が終わったコーヒーを冷暗所に保管して乾燥工程で受けたストレスを抜き、休ませる作業です。この時の湿度や温度などのコンディションと、その期間が味に影響します。

精選（ドライミル）

乾燥を終えた豆から、生豆にするまでの工程を簡単に説明します。まずは、脱殻機を通して、ナチュラルプロセスなら果皮・パーチメントを、セミウォッシュトやウォッシュトならパーチメントを取り除きます。そして風力で軽い豆と重い豆を分けます。重たい豆だけが、次の工程のサイズ選別機にかけられ豆の大きさごとに分類されます。同じ畑で穫れた豆でも、極端に小さい豆から巨大な豆までさまざまなサイズがあります。どのサイズまでを輸出用に許容するかで価格は変わります。これを決めるのは消費国のバイヤーです。また、この作業でピーベリーと呼ばれる丸い形状の豆も選別されます。

その後、輸出用に選ばれたコーヒーは、密度選別機でさらに密度で等級分けされます。この時も、どの密度までを許容するかはバイヤーがいくら払うかで決まります。

その後に色彩選別機（カラーソーター）にかけて虫食いや変色、欠け豆を取り

上／ジャマイカでのソーティング風景。女性たちが一心に選別していた。
下／道路のない地域では、馬やラバがコーヒーの運搬に活躍している。キューバにて。

除いたコーヒーをアメリカン・プレパレーションと呼び、それをさらに手選別（ハンドソーティング）したコーヒーをヨーロピアン・プレパレーションと呼びます。ヨーロピアン・プレパレーションをするか否かは、やはりバイヤーが決めることですし、またそれぞれの精度も価格と比例します。

このドライミルは、コーヒーの品質を決定する非常に重要な工程です。恵まれた環境で栽培されたコーヒー樹から穫れたすべてのコーヒーが美味しいわけではありません。それは、収穫した時期にもよりますし、また栄養不足や未熟、虫食い、病気の影響で味を落とす豆も含まれています。バイヤーが値切れば値切るほど許容範囲は広がり品質は低下します。

各工程で弾かれた豆は、捨てずに国内消費に回されます。

生豆の鮮度はどうしたら保持されるのか

長いこと「生豆は劣化しない」という都市伝説が業界ではまかり通っていましたが、実は生豆は扱い方によっては確実に、取り返しがつかないほど劣化します。

包装形態

精選が終わったコーヒー豆は、グレード別に輸出されます。その際の形態や重量は生産国によって違います。多くの生産国が麻袋を使いますが、ジャマイカのブルーマウンテンは木樽に入っていますし、昔はイエメンのモカマタリは編んだ籠に入っていました。

その状態では、湿度から豆を守ることができません。

そこで最近では、品質のいいコーヒーは、麻袋の中に特殊なプラスチックの袋を入れるようになりました。

また真空パックにする業者もいますが、輸送中に袋同士が擦れ合って穴が開き空気が入ってしまったり、外部からの衝撃で空気が入るリスクもあります。

輸送方法

生豆の品質維持に多大な影響を及ぼすのが、輸送方法です。輸送方法には、「ドライコンテナ」「リーファーコンテナ」「空輸」があります。

ドライコンテナ（常温コンテナ）

港に行くとよく見かける大きな鉄製の箱です。これを重ねて運搬するのが、コンテナ船です。コンテナは20フィート（約6メートル）と40フィート（約12メートル）の2種類があり、ただの箱です。太平洋上でコンテナの中は60度以上の高温になり、湿度もコントロールできませんから、結露を起こしたりする危険性もあります。ですから産地を出発した時の品質を保った状態で日本の港に到着する豆はありません。確実に劣化しています。

リーファーコンテナ（定温コンテナ）

ドライコンテナに空調設備がついていると思ってください。サイズはドライと同じです。コンテナ内を何度に設定するかは、荷主が決めます。産地から日本の港に着くまで一定の温度で管理されていますから劣化を防ぎます。

空輸

航空貨物で運ばれてきますから、産地から数日で日本の空港に届き劣化のリスクは非常に少ないですが、料金は船便よりたいへん割高です。

ドライコンテナもリーファーコンテナも同じ船で来るので、かかる日数は同じですが、リーファーの方が割高です。どちらも湿度の管理はできないものの、前述のプラスチックの中袋に入れておけばリスクは減ります。

以前ある会社のアドバイザーをしていた時、ブラジルとグアテマラから、それぞれドライとリーファーでコーヒーを送って実験したことがあります。グアテマラからドライコンテナで送ったコーヒーは、プロは感じますが一般の人々では気づかない程度の劣化でした。しかしブラジルから到着したドライコンテナの生豆は、リーファーのコーヒーに比較すると誰でも感じるほど劣化していました。

何が違うかといえば、航海日数です。距離のあるブラジルから長期間温度変化が激しいドライコンテナに載せられてきた生豆の劣化は激しく、その半分の日数で届いたグアテマラの生豆の劣化はわずかでした。しかし日本に到着後のグアテマラのドライコンテナの劣化のスピードは、リーファーコンテナ輸送のものよりはるかに早かったです。

保管方法

日本に届いた生豆の保管状態も品質に大きく影響します。

倉庫には、常温と定温倉庫がありますが、生豆の保管には定温がベストです。コーヒー生豆に使用する定温倉庫は、18度前後に設定されています。

最悪のコーヒー

それは、麻袋に直接入れられドライコンテナで温度と湿度の影響を受けながら運ばれ、6月の梅雨の時期に港に到着し常温倉庫で保管されたコーヒーです。コンテナのドアを開けると、ワッと湿度がコンテナに流れ込み、豆は水分を吸収します。その状態で常温倉庫に保管されるのですから、想像しても美味しいとは思えないはずです。

最善のコーヒー

私が興した会社・ミカフェートが創業以来続けている、生豆のためにしていることを紹介します。直接麻袋に生豆を入れず、特殊なプラスチックの袋を使用しています。ジャマイカのブルーマウンテンの場合、規則では木樽で輸出することを義務づけられていますが、樽では品質が保てないので、ジャマイカのコーヒー産業公社に直談判して、歴史上初めて麻袋での輸出を認めてもらいました。

最高級品の生豆は空輸、それ以外の生豆はすべてリーファーコンテナを使用しています。そして日本に到着後、定温倉庫に保管します。すぐに使用する生豆とコモディティクラス（一般流通品のコマーシャルグレード）以外は、小分けして脱酸素包装を施します。真空パックは、豆に一瞬にして圧がかかることと、豆の内部の酸素が完全に抜けきらないので、脱酸素剤を入れてシールし数時間かけて袋の中の酸素をすべて吸収させ、豆の酸化を防ぎます。この脱酸素包装と定温で保管することで、生豆はフレッシュさを保っています。

かつては定温倉庫に行ってもそこに保管されているコーヒーはわずかでしたが、最近ようやく生豆の保管環境にも気を遣うようになったようで、定温倉庫の麻袋もかなり増えてきました。先日倉庫会社の人と話した時、「川島さんがリーファーコンテナ輸送を以前から提唱してきたので、最近扱い量が増えてきました」と言っていました。

とてもいいことなので、どのくらい増えたかを聞いたら、100コンテナに1本くらいの割合とのことでガッカリです。最近はどうか知りませんが、以前はCOE（カップ・オブ・エクセレンス／品評会とその後のインターネットオークション）や品評会で高値で落札された生豆もドライコンテナで運んでいたのですから呆れてしまいます。ドライコンテナで運んできた生豆を、定温倉庫で保管しても意味はないと思います。

私の会社の製品には、輸送方法も明記されています。

第2章

知っておきたい！ 美味しいコーヒーの淹れ方

購入した焙煎豆の鮮度を保つには

まず、どこでどんな包装形態のコーヒーを購入するのかによって、保存方法は変わってきます。焙煎後のコーヒーは、豆から炭酸ガスを発生させます。そのガスとともにアロマも出ますが、熱い方がガスが出やすいので、いかに早く豆を冷ますかが重要です。焙煎後1日経つと豆も落ち着きますから、その時が飲み時です。それ以降はアロマの量は徐々に減っていきます。

そこで重要なのは、包装形態です。

ワンウェイバルブつきアルミ/プラスチック袋

豆から発生したガスを外に出し、外からの空気が入らないワンウェイバルブがついた袋に入ったコーヒー。押すとバルブからコーヒーのいい匂いが漂います。このバルブがついていないとガスが充満し袋がふくれてきてしまい、袋が爆ぜたり袋を開ける時に粉が吹き出したりします。

大手の製品は、コーヒーを充填した後、窒素を注入して酸素を追い出しシールする窒素置換をして酸化を防ぎます。この袋を使っていたとしても、窒素置換していない製品がありますから、注意が必要です。袋の中に酸素が残っていれば酸化します。窒素置換していなくても、脱酸素剤を入れて袋の中の酸素を吸収していれば問題ありません。しかし開封後はジッパーつきの袋でなければ、密閉できる容器に移し替えることをお勧めします。

アルミ/プラスチック/クラフト袋

自家焙煎や中小のコーヒー屋さんでよく見かける量り売りや、すでに計量して袋に入れてテープなどで留めてあるコーヒーです。これは、ガスが抜けてしまうので品質保持には不向きです。焙煎日を確認しながら購入することをお勧めします。購入後は、やはり密閉できる容器に移し替えるのがいいでしょう。

真空パック

焙煎後、ガス抜きをしてから真空パックしているので、抽出する際にまったくふくらみません。一見最善の包装形態と思われがちですが、香りを楽しむには不向きです。

加圧包装

私の会社では、焙煎豆をペットボトルかシャンパンボトルに詰めて販売しています。これは、焙煎豆から発生する炭酸ガスをいかに豆に留めるかを考えた末に行き着いた方法です。これまでの焙煎豆の包装形態は、すべてガスを出す方式でした。発生するガスは3気圧以上になりますから、それに耐えられる容器に入れ、シャンパンボトルは窒素置換し、ペットボトルは脱酸素剤を入れて酸化を防いでいます。コーヒーから発生したガスがボトル内に充満すると、豆に加圧してガスも香りも豆に閉じ込めてくれます。開封後は、必要量をボトルから出し、蓋を閉

上・下左・下中／ミカフェートでのシャンパンボトルへの充填作業。窒素置換した後、コルクで栓をする。空気穴のある一般的な袋とは違い、アロマが逃げない。
下右／ミカフェートの焙煎豆はシャンパンボトルや耐圧ペットボトルに充填される。

めればそのまま保存用の容器になります。

実はペットボトルには透過性があります。時間が経ったペットボトル入りの炭酸飲料を飲んで、炭酸が弱くて「あれっ?」と思った経験はないでしょうか。ガスがペットボトルを透過して抜けているからです。そこで、三菱ケミカルが開発したバリア性が非常に高い素材を使ったコーヒー専用のペットボトルを作りました。ですから、製造1年後でもボトル内の残存酸素量はゼロに保たれています。

焙煎豆の保管方法は一般に冷蔵庫や冷凍庫に入れることが推奨されていますが、私は反対です。出し入れする際に結露を起こす可能性があります。1週間で使い切るくらいの量をその都度購入し、密閉性の高い容器に入れ、冷暗所で保管する方がベターです。

焙煎直後のコーヒーは、まだアクティブ過ぎて本来の味を出しませんから、落ち着いた翌日が飲み頃です。我々が、コーヒーの官能試験(テイスティング)をする時も、それに合わせて前日に焙煎します。それ以降は、ガスとともにアロマも抜けていきます。

関西の自家焙煎店で、焙煎日から日が経つにつれて値引きしていく店があるそうですが、非常に良心的な店だと思います。

焙煎2週間後が抽出にベストなタイミングだ、いや3週間だとかいう話も耳にしますが、理解に苦しみます。

豆の硬さと品質はイコール

寒暖差のある畑で収穫されたコーヒーは、密度が高くずっしり重たい豆になります。簡単に説明すると、花が咲いてから熟すまでの期間が寒暖差の少ない畑より長いからです。ゆっくり成長することで、油脂やショ糖の量が増えるのです。

グアテマラの品質規格は、このようになっています。

標高4500フィート以上（約1350メートル）　SHB (Strictly Hard Bean)
標高4000フィート以上（約1200メートル）　HB (Hard Bean)
標高3500フィート以上（約1050メートル）　SH (Semi Hard)
標高3000フィート以上（約900メートル）　EPW (Extra Prime Washed)
標高2500フィート以上（約750メートル）　PW (Prime Washed)

上位3アイテムは豆の硬さで表現され、取引価格も違ってきます。つまり高地の寒暖差の大きい産地の豆は硬いのです。

コーヒーの量り売りを買った方は経験があると思いますが、いつも通り200グラム買ったコーヒーが「今回はやけに嵩張って、量が多くて得をした」と感じたことはありませんか？　これは得をしたのではなく、密度の低いコーヒーを買ったということです（ただし焙煎度合いによって体積は変わり、深煎りほど体積が増えます。ですから同じ焙煎度合いで比較しての話です）。

高地の寒暖差が大きいほど高密度になりますが、これも樹上でしっかり完熟まで育ててこそです。なぜならコーヒーはバナナなどと違って追熟しないからです。バナナは熱帯の産地で緑色のうちに収穫され、日本に運ばれる間に追熟して、店頭に並ぶ時には食べ頃の黄色になっています。しかしコーヒーは実を摘んだ時点で成長は止まってしまい、収穫時の熟度がそのまま品質になります。

ということはつまり、極端な話をすれば、完熟手前で収穫したSHBよりも完熟で収穫したHBの方が安くて美味しいということも起こり得るわけです。

メジャースプーンで量るのは合理的ではない

体積について、もう少し話を続けましょう。

本当に美味しいコーヒーを飲もうと思うなら、焙煎豆を量るのに柄杓状の「メジャースプーン」を使うのは合理的ではありません。なぜなら、重さではなく体積で量っているからです。これは抽出時の濃さ・薄さに影響を及ぼします。

家庭では、面倒でも重さを量る「スケール」を使うことをお勧めします。私がお勧めするレシピは、ザラメ程度のやや粗挽きで1杯（150cc）淹れるのに20グラムを適量としています。

ですが、2杯（300cc）抽出では40グラムではなく10％減らして36グラムを使います。3杯（450cc）では60グラムではなく20％減らして48グラム、4杯（600cc）なら80グラムではなく25％減らして60グラムで事足ります。

1度に4杯淹れる場合、スケールで重さを量っていれば20グラムも節約できる計算です。メジャースプーンで量ると必要以上にコーヒーを使ってしまうだけでなく、濃過ぎるコーヒーになってしまい、美味しさも楽しめません。

こうした知識を踏まえ、家庭で実験してみるのもいいと思います。

密度は豆の持っている特性ですが、それ以外に、コーヒーの味は焙煎度合いと挽き目によっても変わります。試し飲みや飲み比べをする時も「同じ重さ」を基準にしましょう。メジャースプーンで量った体積を基準にすると淹れたコーヒーの濃度が違ってしまい、味を正しく判断できなくなってしまいます。

コーヒーは自分で抽出しなければいけない面倒な飲み物ですが、反面、自分で好きなようにコントロールできもします。挽き目をちょっと細かくすれば濃くなるし、粗くすれば薄くなります。ひとつの銘柄だけで朝・昼・晩と、異なる味にもできます。お湯の温度でもコーヒーの味は変わります。沸騰したお湯や高温で淹れると苦味が出やすく、低温にすると酸味が出やすくなります。

私は、87度前後をお勧めしています。いちいちお湯の温度を測るのが面倒くさかったら、沸騰したお湯を湯煎するためにサーバーに入れて、そのお湯をドリップポットに戻すと90度近くに下がります。それから粉を量ったり、量った豆を挽いたりしているうちに適温になります。手動のミルでは少し時間がかかりますから、お湯の温度の下がり過ぎにご注意を。

本当のコーヒーの酸味と甘味を知っておく

皆さんにまず知って欲しいのは本当のコーヒーの「酸味と甘味」です。コーヒーはフルーツだと私は言い続けていますが、フルーツだからこそ酸味と甘味を楽しんで欲しいのです。皆さんがフルーツを食べる時、酸味と甘味を楽しむために、完熟を選んで購入したり熟れるのを待ったりしますよね。敢えて渋みやえぐみのある未熟のフルーツを食べませんよね。

実はコーヒーもまったく同じです。コーヒーは嫌いだという方のほとんどが、「コーヒーの酸味が嫌い」とか、「胸焼けがする」「舌や喉に残るえぐみや雑味が嫌だ」と言います。

酸味の誤解は前述の通りですが、胸焼けやえぐみの原因は未熟豆が大きく影響しています。しかしこれも、深煎りにすると隠すことができます。消すことはできないものの、熱いうちはこんなものかと錯覚して飲んでしまいます。しかしこのようなコーヒーは、冷めたらえぐくて砂糖とミルクを入れないと飲めたものではありません。よくコーヒーを飲んだ後に水を飲みたくなると耳にしますが、喉に残ったえぐみを取りたいからでしょう。

とはいえ完熟になって収穫した豆を深煎りにしてしまったら、せっかくの自然の酸味と甘味が失われてしまいます。苦味ではなく酸味と甘味こそが大切なので、さまざまな焙煎度合いで豆を買って、飲んで試してください。

品種や由来に興味を持つには

店で焙煎豆を選ぶ際に書いてあるのは、国名や地域名・農園名・品種名などで、たとえば「エルサルバドル ブエノスアイレス農園 ブルボン」のようにカタカナだらけです。初心者には覚えづらく、どこから手をつけるべきかと悩む方もいるかもしれません。これに関しては正解はなく、自分が興味を持ったところから探求し始めればいいのだと思います。

私がコーヒーに関する新たな開発テーマに着手する際は、「誰がコーヒーをその地域にもたらしたか」という歴史の調査から始めます。コーヒーを地政学的に見ると、非常に面白いです。イスラム教の聖職者がコーランの祈りの最中に眠気覚ましに飲んだ当時のコーヒーは、生豆を煎じていたそうです。ある時、コーヒーが置いてあった倉庫が火事になり、今まで嗅いだことのない魅力的な香りが漂ってきて、それからコーヒー豆を焙煎するようになったという説があります。そして長らくイスラム地域の独占的な権益になっていました。

その後、ヨーロッパの国々が徐々に力をつけ、それぞれの国の覇権争いの尖兵として活躍した東インド会社がコーヒーをイスラム圏から世界へと広めていきました。ヨーロッパの植民地になった地域に、その後を追うように入ったキリスト教宣教師たちも布教の手段としてコーヒー栽培を広めました。

そうやって調べていくと、この地域には失われた古い品種が残っているかもしれないという仮説が立ちます。それをさらに調べていくと、地元の人も知らないお宝のコーヒーにたどり着けます。

アラビカ種の起源とされるエチオピアと国境を接するケニアやその隣国のタンザニアのコーヒーは、陸続きでエチオピアから伝わったと思われがちです。

しかし当時エチオピアは独立を保ち、イギリスの植民地だったケニアやタンザニアとは交流がなかったと思われます。それでは、どこからきたのでしょう。なんとはるかインド洋のフランスの植民地だったブルボン島（現レユニオン島）からフランス人宣教師が持ち込んだ苗を、ナイロビとキリマンジャロ山麓のキレマ村の修道院に植えたのが両国のコーヒーの始まりと突き止めました。

さらにキレマ村の修道院に植えられた最初の樹がまだ生き残っていることも分かり、実際に確認に行きました。この樹から穫れたコーヒーの実から苗を作って

写真はいずれもレユニオン島での再出荷のセレモニー(2007年)。レユニオン県知事も駆けつけ、コーヒー産業復活を盛大に祝った。

広まったのがキリマンジャロコーヒーです。

コーヒーを軸に世界史と世界地理を読み解くのは、とても面白くて興奮します。いつかこのテーマで本を書いてみたいと思っているくらいです。

ペーパードリップを始めとする主な淹れ方

淹れ方はさまざまあれど、大まかに言えば、初心者の方はペーパードリップ、フレンチプレス、それから機械で淹れるコーヒーメーカーの3種類を知っていれば十分です。そして最も基本となるのがペーパードリップ。

ペーパードリップはその名の通り紙製のろ紙を使う方法で、台形または円錐形のドリッパーにろ紙をセットし、そこに挽いた粉を入れて平らにならし、上からポットで静かにお湯を注いで抽出します。ポイントは最初に粉全体を湿らすように回しかけたら、30秒ほど待って蒸らすこと。この「蒸らし」のひと手間が味をよくします。待っているとコーヒー粉がふくらんできて、炭酸ガスの気泡が抜けていくのが分かります。

どんな品質のいいコーヒーでも、嫌な味を出す成分を含んでいます。幸いなことにその成分は、お湯と長く接し過ぎた時のみ出てきます。それゆえ、挽き目はやや粗目のザラメ程度をお勧めしています。細かくすればするほど抽出時間を要し、お湯とのコンタクトが長くなるからです。

また抽出前にもうひと手間かけると、さらにコーヒーは美味しくなります。挽いた粉を茶漉しに入れて軽く振り、微粉を取り除くとひと味違ったコーヒーになります。コーヒーの微粉は、嫌な成分が出やすいからです。

ですからコーヒーミルを購入する際の目安として、微粉が出にくい機種を買うことをお勧めします。それは電動であろうと手動であろうと同じです。ミルの良し悪しは「コーヒーの粒度の均一性」と「微粉の少なさ」です。その点では、電動のプロペラ式では均一性は期待できません。

ろ紙の材質は、真っ白な漂白のものがいいでしょう。未晒しの茶色いクラフト紙は見栄えから「エコ」のように思われていますが、実は製造に非常に多くの水を使います。また、紙の匂いもするので抽出面でもマイナスです。白でも茶でも、まずはフィルターを丸めてカップに入れ熱湯を注いでみてください。そこで紙の匂いがするものはコーヒーの香りを削いでしまいますから不向きです。

珈琲店によっては「コーヒーの粉を入れる前にペーパーに熱湯をかけて匂いを落とす」作業をしますが、本来、フィルターに匂いがついていなければ不要な作業です。しかしいつも使っているメーカーの紙で、匂いがなかったからと言っても安心はできません。その時の原料のパルプによっては匂いが出る可能性がありますから、時々フィルターに熱湯をかけて匂いの有無を確認してください。

お湯の温度は、前述のように87度前後をお勧めします。

1投目は粉が湿る程度のお湯を注ぎ、30秒蒸らします。

その後はフィルターに直接お湯が触れないようにしながら、円形にゆっくりと注いでいきます。時々「の」の字を書くように中心にもお湯を注ぎ、湯面の高さをキープしながら2投目、3投目と注いでいきます。サーバーに抽出したい量のコーヒーが落ちるまでお湯を注ぎ続けてください。

必要な量を抽出できたら、速やかにドリッパーを外します。よくギリギリの湯量で抽出される方がいますが、美味しく淹れるには十分な量のお湯で淹れたほうが得策です。なお、必要な量を抽出した後に落ちてくるのは「出がらし」です。これも、出がらしだけを飲んでみれば、すぐに理解できるでしょう。出がらしのまずさも一度は試し、知っておくといいかもしれません（ただし、本当に品質のいい豆では、抽出後の出がらしもそれなりに飲めます）。

機械で淹れるコーヒーメーカーは、基本的には大半がペーパードリップを自動化したもので、原理は同じです。蒸らし機能がないシンプルなモデルでは、スイッチを入れて15秒後くらいにいったんスイッチを切り、さらに30秒後に再びスイッチを入れて手動で蒸らすなどの工夫で美味しく淹れられたりもします。モデルによっては保温機能（ウォーマー）がありますが、前述の通り、加熱は酸化速度を上げる原因になりますから、使わないほうが賢明です。

また、筒型の器具で簡単に淹れられるのがフレンチプレス。浸漬《しんし》式と言われるように、単にコーヒー粉をお湯に浸けることで抽出する方法です。お湯を注いで4分ほど経ったら、プランジャーと呼ばれる心棒を押し下げるだけ。簡単で失敗しにくく、初心者でもばらつきのない安定した抽出ができます。

大半のフィルターが金属製で、ペーパーと違ってコーヒーの油分を通すことも大きな特徴。油分にはコーヒーのアロマが含まれているので、良質な粉を使いさえすれば、ペーパードリップとはまた違う美味しいコーヒーが楽しめます。

フレンチプレスの欠点は、金属フィルターのため、淹れたコーヒーの中にどうしても微粉が出てしまうこと。コーヒーカップの底にたまった微粉を飲まないように、最後のほんの少しを残すといった飲み方がなされます。工夫としては、前述のようにコーヒー粉をセットする前に茶こしを使って、微粉を落としてから淹れると飲みやすくなります。

また、淹れたコーヒーをそのまま容器に入れておくと、粉から出ては欲しくない成分が出ますから、ほかのポットに移し替えるか、飲み切れる量だけ抽出し、カップに注ぎ切ってしまうことをお勧めします。

煎り方（焙煎度合い）は浅煎りか、深煎りか

後述するいわゆるサードウェーブ・ブーム以降の昨今は、北欧などで流行する浅煎り、超浅煎りのコーヒーがもてはやされる傾向にあります。

浅く煎ったほうが香りが立つというのが根拠ですが、北欧のやり方をそのまま真似をするのは違うと思います。コーヒーは浅く煎るほど酸を強く感じます。北欧の硬水で抽出すれば酸を抑えてくれますが、日本の軟水ではそれがストレートに出てしまいます。「レモン水のようなコーヒー」などと言われはするものの、

私にはただの酸っぱい薄いコーヒーです。また香りの点で言えば、密度の高い豆を使えば、もっと飲みやすい焙煎度でもロースト臭に負けず十分香りは保っています。さらにひとり当たりの年間消費量が日本の2倍も3倍もある北欧の人々が、毎日高価なスペシャルティコーヒーを飲んでいるわけがなく、非常に造られたトレンドだと感じてしまいます。

とはいえ、最終的には個人の好き好き。トレンドだからといって浅煎りを無理して飲まなくてもいいし、逆に昔ながらの「ガツンとした」強さばかりのものでコーヒーを嫌いになって欲しくもない。美味しいコーヒーは、自分で飲んで、自分で見つけて欲しいと思います。

たとえば安価で知られるコンビニコーヒーも、私はすごく評価しています。日本でのコーヒーの第四の波、フォースウェーブは、コンビニコーヒーだと私は思っています。またコンビニコーヒーは、日本のコーヒー業界の救世主とも言えます。100円程度であのクオリティは立派であって、価格の割に美味しい。

運悪く初めて飲んだコーヒーが、未成熟豆の寄せ集めでえぐみや雑味が多く、舌や喉が気持ち悪くて水を飲まずにはいられなかった人もいます。また、抽出して時間が経過し酸化したコーヒーを飲み、胸焼けしたり胃がムカついたりしてしまい、それっきりコーヒー嫌いになった人もいます。このような何となくコーヒーは苦手な飲み物だと避けていた人たちが、「コンビニコーヒーがブームになっているし、仮にまずくても100円なら惜しくはない」とトライして、「おや？　結構いけるじゃん」と裾野を広げてくれました。

コンビニコーヒーは言ってみれば新たな文化であり、「こんなコーヒーを美味しいと言ったらバカにされるかな」などと臆することはありません。今やコンビニコーヒーがコーヒーのベンチマークになり、ホテルや喫茶店のコーヒーと比較されています。

ただし残念なのは、あれを「最高級豆使用」とか「厳選したコーヒー」とコンビニが宣伝していること。まあ、広告代理店のコピーライターが考えたことでしょうが、それは単なる言葉遊びです。本当にそんな高級な豆を使ったら、あの値段では売れません。豆の品質を明確に消費者に伝える努力をしていないので、いつまで経ってもコーヒーは、ワインと同様の嗜好品になれません。堂々と「コモディティコーヒーの中から選び抜いた豆を使い、100円で売れる最上を目指しました」と言って欲しいところです。

消費者の方々は、純粋に「自分が一番美味しいと思うコーヒー」を探してください。それから、今飲んだコーヒーがすべてだとも思わないでいただきたい。まだほかに、もっと美味しいコーヒーがあるはずです。自分なりに試行錯誤して、美味しいコーヒーを探してください。初心者の方ほど基準を欲しがりますが、現在のコーヒー市場には明確な基準がないので、美味しさの基準はある意味、自分で作るしかないのです。

その際には、味としては冷めても美味しく、酸味と甘味が感じられる、という点を意識するといいでしょう。払った金額に見合った品質かどうかも、合わせて意識してください。

前述した通り「コーヒーはフルーツ」です。フルーツと言われたら、皆さんは何を期待されますか？　そう、酸味と甘味ですよね。そうした味わいに優れているのが、美味しいコーヒーであると言えます。

第3章

コーヒーが焙煎ばかり語られがちになる理由

質の悪さを焙煎でカバーしてきた日本特有の事情

コーヒーが焙煎ばかり語られがちになるのには、日本特有の経緯と事情があります。舶来品であるコーヒーは戦中や戦後すぐには輸入が途絶えてしまい、先述したように「代用コーヒー」でしのぐ時代が長く続きました。輸入自由化後も産地は遠く、その後の発展途上の日本にも、なかなか良質なコーヒー豆が入ってきませんでした。あまり質のよくない生豆をどうにかして美味しくしたい。そうした必要性に駆られて、我々の先人たちは得意の凝り性と職人気質を発揮し、なんとか美味しくなるよう豆を選別し焙煎技術を磨いて頑張ってきました。私は、その努力をしてきた先輩方に尊敬の念を抱いています。

最近でこそ焙煎技術を競う世界大会が生まれ、世界各国の焙煎技師が蘊蓄を語るようになりましたが、以前は欧米ではそんなに焙煎にこだわっている国はありませんでした。産地では、未だに焙煎はかなりいい加減です。しかるに、これは日本特有の事情であろうと考えます。

しかしこれが、あまりにも強調され過ぎてしまったと私は感じています。

2008年にミカフェートを開業し、コーヒーはフルーツで豆の品質が重要だと発信をしましたが、業界やコーヒー通からは見向きもされず、中には面と向かって「コーヒーの美味しさは、原料の良し悪しより焙煎が一番重要」と言い切った人がいました。

今でも覚えていますが、1980年代にジャマイカから一時帰国した際に、大阪に凄い焙煎技師がいると教えられました。一度会ってみたいと思いましたが、よく聞いてみると「あの人は、天才焙煎技師や！　3種類の豆だけしか仕入れずに、ブルマンもモカもキリマンジャロも作れる」。

がっかりしました。これは極端な例ですが、何かを間違えていると言わざるを得ません。そこまでではなくとも、日本のコーヒー業界の現状にどこか焙煎至上主義的な雰囲気を感じるのは、私だけではないと思います。

何が問題かというと、スペシャルティコーヒーブームの前は「原料をあまり追究してこなかった」こと。焙煎業者（ロースター）は基本的には、自分たちで生豆を産地から直接仕入れているのではなく、大半を輸入商社から仕入れていました。つまりロースターは、他社が同じ商社経由の生豆を使っている可能性が高く、自社のコーヒーの差別化を原料でできないから、焙煎技術や焙煎機の性能で競いました。

本来、自らの目利きで選び、関係性を築いてきた各国・各農園の生豆を仕入れるのが理想です。しかし以前は、最大手の数社以外のロースターは、簡単に産地へ行くことはできませんでした。言葉と距離の問題もあったし、商社にはネットワークがあったので、それを利用したほうが簡単だったのです。

1990年代以降に生まれた自家焙煎店がようやくグループで産地に行くようになったとはいえ、結局、お膳立てして案内するのは商社でした。しかし違った点は、商社を利用しながらも、「グループで産地から原料を仕入れて」差別化を図ったことです。

世界的なスペシャルティコーヒーブームの影響で、産地も変わってきました。昨今では少しでも自分のコーヒーに付加価値をつけようと、精選過程に「嫌気性発酵」や「イースト菌発酵」などを取り入れて、変わったコーヒーを作る生産者が数多く現れました。

嫌気性発酵やイースト菌発酵は、各ロットが小さくロットごとにクオリティのばらつきがあり、中には腐った醤油のようなコーヒーもあります。さらに最近では、インフューズドコーヒー（infused coffee）が出現しました。インフュージョン（infusion）とは注入とか煎じるという意味で、文字通りコーヒー以外のフレーバーをつけたコーヒーです。

私が初めてこのコーヒーを見たのは、２０１５年頃でした。コスタリカの生産者が、コーヒーの乾燥工程で熟したグアバの実を砕いて混ぜているのを見て驚きました。近頃はもっと過激になり、発酵槽の中にコーヒーと一緒にパイナップルジュースを入れて香り付けもしています。

ハワイ島のコナの生産者の中にもイースト菌発酵やインフューズドコーヒーを取り入れるところが出てきましたが、それではコナコーヒーのよさは出せません。生産者側からしても他者と差別化したくて変わったものを加えた発酵に手を出すのでしょうけれど、私自身はそんなものがもてはやされるのには違和感を覚えます。農産物であるコーヒーの、品種本来の魅力や特徴ではないからです。親しくしているコナの生産者とイースト菌発酵の実験をしたことがあります。数年かけて行った実験の末、「このやり方で高品質のコナコーヒーをプロセスすると、せっかくのコナの特徴を台無しにしてしまうが、収穫時に選別した未熟豆をこの方法でプロセスすると、少しは飲みやすくなる」という結論に達しました。

しかし、これらの変わり種コーヒーは、アメリカのスペシャルティコーヒーでは受け入れられていません。というのも、実はもともとアメリカのスペシャルティコーヒーは、フレーバーコーヒーから始まっていたのです。マカダミアナッツ、ヘーゼルナッツなどの人工香料で風味をつけたコーヒーから始まったのがSCAA（アメリカ・スペシャルティコーヒー協会）ですから、原点回帰とも言えるでしょう。こんなことまで日本のコーヒー業界は真似る必要はありません。

また、5分でできるジェット焙煎機を使ったお店は自家焙煎と言えるのかという議論がありますが、私はそれなりに評価しています。あの形態が始まった頃は、陳列ケースに入ったいつ焙煎したのか分からないような豆を量り売りしていたのが主流の時代です。

スーパーや百貨店で販売されているコーヒー製品も、鮮度には構っていなかったと思います。そんな中、自分で選んだ生豆を目の前で焙煎してくれる。フレッシュなコーヒーを飲めるのですから流行るわけです。手軽でアルバイトの店員さんでも焙煎機を操れますが、香りも早く抜けてしまう欠点があり、本格的な焙煎機とは異なります。しかし少量ずつ買えば、それなりに楽しめます。

ただし声を大にして言いたいのは、もう少し原料の品質にこだわって欲しいし、生豆の保管方法を改善すべきだということです。

農業技術指導者でもある私としては、何よりも「豆本来の味」を大切にして欲しいと考えます。焙煎技師は料理人だと思っています。本当にいい焙煎技師はセンスがいい。優秀な板前と同じようなもの。豆の硬度などへの知識もあって、その豆の持っているポテンシャルを最大限引き出せる。この「素材がいいと美味しい」という観点は、長らく日本のコーヒー業界から抜け落ちていました。焙煎に携わるのなら、素材をどこまで生かすべきかを知り、常に自ら素材の目利きができる、そんな職人であって欲しいのです。

ゲイシャ種の世界的な過剰人気は「問題あり」

昨今ではゲイシャが世界中でもてはやされています。念のため言っておくと日本語の芸者とは無関係で、産地のひとつ、エチオピアのゲシャ村が名の由来です。ジャスミンの花にも例えられる独特の香りが特徴です。

我々のように研究機関にいた人間にすれば、アラビカ種の原種のひとつとして特段珍しくもありませんでしたが、生産性が低いので商業栽培はほとんどされず、一般的には無名でした。ちなみにジャマイカのブルーマウンテンコーヒーは95%がティピカでしたが、2%くらいゲイシャが植えられていました。

一躍有名になったのはパナマ産のゲイシャが、2004年の品評会で高評価を得てからです。とはいえこのゲイシャ種は、栽培環境が限られる、非常に気難しいコーヒーです。他のアラビカ種より気温が低く、湿度が高めの風のない畑で育ったものに限り、ゲイシャ特有のフローラルな香りと味わいが出るのです。

ところが世界的なゲイシャブームによって、自然環境が合わないのにゲイシャを植える農園が数多く出現しています。行く先々の産地で「ゲイシャを植えたから見て欲しい」と生産者から依頼されますが、中には似ても似つかないコーヒー樹を植えているケースさえよく見受けます。

ゲイシャの木は、幹から出た枝の角度が45度で枝の先端が弓形になる特徴があり、豆は特徴的な細長い舟形で、専門家が見ればすぐにそれと分かります。

生産者に聞いてみると「友達が『ゲイシャは日本人が高額で買ってくれるから』と種子をくれたので植えた」とのこと。本人はまったく騙すつもりではないのです。意外かと思われるでしょうが、多くのコーヒーの生産者は品種の知識がありません。

名前だけが「ゲイシャ」であれば何でも重宝され、法外な価格で取引されるというのは、決して健全なことではありません。日本のスペシャルティコーヒーを扱う人たちは、もっと目利きにならなくてはいけません。生産者も焙煎業者も騙す気などないはずですが、結果的にそのようなことが起きています。日本で偽物や不向きな環境で栽培されたゲイシャをすごく高い値段で買っている消費者の人たちに、コーヒー屋のひとりとして、申し訳ない気持ちでいっぱいです。

しかしこうした現状こそが、最終的にはゲイシャ神話を崩壊に導いてしまうのでしょう。

伝統的な産地における「ゲイシャ問題」

ハワイのコナコーヒーは、ハワイ島フアラライ火山からマウナロア火山西側斜面のテロワール（気候や土壌の個性）とティピカ種の相互作用で生まれた味です。にもかかわらず最近ではゲイシャや嫌気性発酵、インフューズドコーヒーが品評会で優勝してしまったりします。

コナコーヒーの生産者はほかの産地とはまったく異質です。現在では、長年コナコーヒーを支え続けてきた日系生産者を探すのは大変。私がコナコーヒー開発のためにジャマイカからハワイ島に引っ越した1989年当時は日系のコーヒー農協が2つあり、3世の日系人生産者がたくさんいました。

しかし日系生産者たちは、相場が安定しないコーヒー栽培を子どもたちには続けさせず、教育をつけさせました。ホノルルやアメリカ本土の大学を卒業した子どもたちは就労機会が少ない島には戻らず、コナコーヒーの生産者は老齢化し徐々にコーヒー畑を売ったり家と畑を貸し出したりするようになりました。それを引き継いだのが、アメリカ本土から移住した人々。定年退職して別荘をハワイに買うよりも、家つき農地を買えば税金対策になります。アメリカでスペシャルティコーヒーがブームになった２０００年以降、このようなウィークエンド・ファーマーが台頭し、農園ごとにブランディングを始めたのです。

彼らにとっては、他の農園よりも変わったものを作って売れさえすればそれでよく、本来のコナコーヒーの味の特性を尊重していません。数少ない代々コナコーヒー栽培に従事してきた地元の生産者は、この傾向を非常に不快に思っています。サビ病がハワイ島で発見された２０２０年以降、サビ病に耐性のある品種を導入し植え替えることを声高に叫ぶニューファーマーを見るにつけ、将来のコ

上／ハワイ島コナ地区の農園風景。火山島のなだらかな斜面に畑が広がり、風景の奥には碧い海。
下／コナでのカッピング。

ナコーヒーがどうなるかと不安を感じます。なぜなら、彼らの多くは自分の農園に付加価値を付けて転売するのが目的ですから。

古くて新しい産地・パナマの品評会は、もっとロジカルでプラクティカルなやり方をしています。品評会の説明をする前に、なぜ「古くて新しい産地」と呼ぶかを説明しましょう。

19世紀後半からコーヒー栽培は始まっていましたが、パナマ運河と駐留米軍からの収入が大きいので、パナマ政府は農業にはまったく興味がありませんでした。ですから2000年代になってゲイシャで脚光を浴びるまで、パナマコーヒーとして消費国で販売されているのを見たことがありませんでした。

私がまだジャマイカに住んでいた1985年頃に、パナマコーヒーの調査に赴いたことがあります。事前の調査では、コーヒーを専門に司る役所はないと分かり、研究機関もコーヒー生産者組合も輸出協会も見つかりませんでした。

「もう行くしかない」とジャマイカからマイアミ経由でパナマ市に行きました。農業省に行って情報収集しましたが、驚くほど非協力的で話にならず、そこで初めて、産地がコスタリカ国境のチリキ県で県都のダビッドまで450キロもあることが分かりました。ここまで政府が力を入れておらず流通網も脆弱なら、仮にいい農園を見つけられたとしてもそれを日本に輸出するのは至難の業だと判断し、そのままジャマイカに帰ったくらいです。

それでは、チリキで生産されていたコーヒーはどこに行っていたのでしょう。その疑問が解決したのは、2003年頃に初めてチリキ県を訪問した時でした。コスタリカから陸路で国境を越えパナマに入国した際、国境に近づくにつれて多くのトラックとすれ違いました。国境を越えた後も、国境を目指すトラックがたくさん走っていて、そのほとんどが収穫したコーヒーチェリーを積んでいました。無名のパナマコーヒーでは売れませんから、すでにブランドとして確立されていたコスタリカに運ばれ、コスタリカコーヒーとして売られていたのです。そして

上／パナマのコーヒー名産地、チリキ県ボケテ村。
下／パナマ運河。ブラジルからのコーヒーはこの運河を通ってくる。

低級品は、パナマの国内市場用に使われていることを知りました。

コーヒー栽培の歴史の古いパナマですが、輸出国としては新しい国です。政府の援助がないので、生産者たちが集まって知恵を絞ってマーケティングをしています。

彼らは、COEに頼らず独自の品評会とネットオークションBOP（Best of Panama）を開催しています。

2021年の品評会では、ゲイシャ部門（水洗式・非水洗式）、ゲイシャ以外の品種部門（水洗式・非水洗式）に分かれています。BOPが開催されたのはもちろんゲイシャが有名になってからで、それまではCOEに頼っていました。しかしその後、ゲイシャばかりが注目されることを危惧した生産者たちは、トラディショナルなパナマコーヒーを守るために、品評会をディビジョン制（部門制）にしました。これは、非常に賢明なことだと思います。

かように、コーヒーは日常的に飲まれるものながら、高級からデイリーなものまでが混在し、きちんと分類ができていないと感じます。

たとえば日本には寿司の文化がありますが、日本人なら誰もが、板前がカウンターで握る「本当の寿司」を知っています。回転寿司や外国で人気のカリフォルニアロールもいちおう寿司ではあるけれど、それぞれ別なジャンルであると理解しています。

それなのにコーヒー業界ではインスタントや缶コーヒーにも「最高級豆使用」などと書いてある。最高級豆だなんて、そんなことがあるはずがありません。極めて価格の低いコーヒーにも品質の高い豆を使用しているかのように表記されていて、これは消費者を惑わせる言葉遊びとも言えます。

そういう意味で、コーヒーはまだ本物の嗜好品にはなりきれていないと思います。

サードウェーブとスペシャルティコーヒー

２０００年代前半にアメリカ西海岸で始まった新たなコーヒーブームを一般に「サードウェーブ」と呼んでいます。２００２年にカリフォルニアで創業したブルーボトルコーヒーが「コーヒー界のアップル」などと言われて鳴り物入りで日本に上陸したのが２０１５年。近頃の日本でのブームはこの流れです。

このサードウェーブは、コーヒー生産量全体の1割ほどしかない高品質なスペシャルティコーヒーを扱うことで知られています。もともとは彼らが日本の珈琲店のハンドドリップやサイフォンなどの多様な抽出法を知り、脱エスプレッソのムーブメントとして広まりました。言い換えれば、アメリカ西海岸発のサードウェーブの元ネタは、日本の珈琲店のやり方なのです。

ちなみに、諸説ありますが、１９８０年代に大手が市場を独占する中で中小の会社が集まってアメリカ・スペシャルティコーヒー協会（ＳＣＡＡ）を発足させたのがアメリカのファーストウェーブ、１９９０年代のシアトル系エスプレッソコーヒーの流行がセカンドウェーブ、というのが私の見解です。

日本では戦後１９５０年のコーヒー輸入再開と１９６０年の輸入自由化がファーストウェーブ、１９７０年代の珈琲専門店ブームがセカンドウェーブ、１９９０年代の自家焙煎ブームやスターバックスの上陸がサードウェーブ。いま日本の巷で言われる「サードウェーブ」は、アメリカのサードウェーブが日本に逆輸入されたことを指していると言えるでしょう。

アメリカは、昔からダントツの世界一のコーヒー消費国でしたが、品質はそれほど求められませんでした。何しろ消費量が多いので、安くて何杯も飲めることが重要でした。アメリカで一般的なコーヒーの抽出方法はパーコレーターで、ドライブインでもレストランでも、銀色で円筒形のパーコレーターがカウンターに置かれていて、お代わり自由でした。その後業務用のコーヒーメーカーに代わっていきましたが、当時は、数社の大手コーヒー焙煎卸会社が、市場のほとんどを独占していました。

それに対抗して中小のロースターが集まって1982年に生まれたのが、SCAAです。しかし前述のように1990年代半ばまでフレーバーコーヒーが彼らのスペシャルティであり、抽出方法も以前のままでした。

そんな中で1990年代になってシアトル系エスプレッソが全米規模に広がったのです。パーコレーターに慣れたアメリカ人には、エスプレッソは瞬く間にお洒落で格好いいトレンドになりました。

1990年代後半に、アメリカのコーヒー関係の友人にサイフォンの器具をプレゼントして、実際に彼の家で抽出してあげたことがあります。目を白黒させて「これは科学だ！」と興奮して叫んだので、こんなの日本に行けば当たり前に使っていると言ったら、さらに驚いていたのを思い出します。

海外のコーヒー事情が逆輸入されて最新のように言われているものの、前述の通り、もともとは日本のコーヒー文化です。日本のコーヒーは実は世界的にも進んでいて、高品質な豆が集まり、焙煎技術に優れ、抽出の多様性や技術を持っています。そして日本全国どこへ行っても自家焙煎店が存在します。

どこか「格好いい」というファッション的要素で流行している感もあるサードウェーブですが、日本のコーヒーはそのお手本になるほど進んでいて、立派な技術があることは、覚えておいて欲しいと思います。

スペシャルティコーヒーの対義語はコモディティコーヒー

スペシャルティコーヒーの明確な基準がない中で（今でもありませんが）、各国で個別に開催されるCOEが、中小のロースターが小ロットでも一定基準以上のコーヒーを仕入れることができるプラットフォームになり、一気にスペシャルティコーヒーのブームになったと考えます。単一品種・単一農園が重宝され、どこの国の何という地域の、なんとか農園、という形で語られるようになりました。

産地をトレースできてどこの農園の豆か分かるのはいいことです。

とはいえ、裏を返せば全世界に流通する残りの9割はそれ以外のコーヒーです。それらのことを「コモディティコーヒー」と呼びます。コモディティとは一般流通品という意味。スペシャルティの対義語としてぜひ覚えてください。

このコモディティコーヒーは、決してすべてが「ひどいコーヒー」ではありません。質のいいハイ・コモディティも存在します。

「ウチで扱うのはスペシャルティコーヒーだけ」という店があり、聞こえはとってもいいでしょう。けれど考えてもみてください。すべてがスペシャルティでなければダメだとしたら、生産者もコーヒー屋も、飲み手もみな不幸になってしまいます。コモディティあってのスペシャルティです。安定した品質のコモディティコーヒーを作れないような産地で、スペシャルティはできません。同様にスペシャルティしか扱わないという店に限って、コモディティコーヒーを知らない傾向にありますし、中にはＳＤＧｓ（持続可能な開発目標）に取り組んでいると公言している店もあります。世界の生産量の10％以下しか穫れないスペシャルティだけを扱っていて、どうＳＤＧｓに取り組んでいるのか不思議です。

だからこそコーヒー屋はコモディティを正しく理解して、その目利きができるようにならなければいけません。声高に叫ばれるＳＤＧｓを実現するためにも、コモディティへの理解は欠かせません。

何が何でも最高級品という姿勢ではなく、本来は、コーヒー屋が自信を持って「コモディティだけど、これは美味しいコーヒーです」と言えばいいのです。正直に、この価格としては十分美味しくしました、と。

ワインだってテーブルワインからロマネ・コンティまでの各グレードがあるように、コーヒーも同じです。

コーヒーはワインと同様に果実から生まれ、品種や気候や土壌・地形によってはもちろん、精選の工程、品質管理が味わいに直結します。ところが残念なことに、コーヒーには長らく、ワインのような明確なグレードの基準がありませんでした。

私の会社・ミカフェートでは独自に品質のピラミッドを作り、最上級の「グラン クリュ カフェ リミテッド」から「ミカフェート コモディティコーヒー」まで8つのグレードに分けています。上から6番目の「コーヒーハンターズ」までが一般的に言われるスペシャルティコーヒーに相当します。一般的にと言ったのは、ミカフェートではスペシャルティコーヒーという言葉は使いませんし、スペシャルティコーヒーの会社ではありません。ですから日本スペシャルティコーヒー協会にも加盟していません。すべてのコーヒーを美味しくするのが、ミカフェートの仕事です。

コーヒーのグレードは国ごとに基準も呼称も違い、統一されていないので、余計に分かりにくく言葉遊びが横行しやすいのが現状です。メジャーな生産国のそれぞれの品質基準を表にしてみました（次ページ参照）。

国名	グレード	豆のサイズ	欠点数	高度	色	水分値
インドネシア	Grade 1	—	0〜11 / 300g	—	—	—
	Grade 2		12〜25 / 300g			
	Grade 3		26〜44 / 300g			
	Grade 4a		45〜60 / 300g			
	Grade 4b		61〜80 / 300g			
	Grade 5		81〜150 / 300g			
	Grade 6		151 〜225 / 300g			
ジャマイカ	No. 1	17/18	3%	—	Blue/ Green to Green	—
	No. 2	16				
	No. 3	15				
	Peaberry	10				
	Triage	15 & above	5%		Pale Green to Pale	
	Special Triage	15 & above	6%			
	Fines	Below 15	5%			
ケニア	Kenya AA	17/18	—	—	—	—
	Kenya AB	15/16				
	Kenya PB	Peaberry				
	Kenya C	14 & 15				
	Kenya E	Elephant beans				
	Kenya TT	Light beans separated from AA and AB by air current				
	Kenya T	Smaller than TT, many fragments. Light beans separated from C by air current				
	UG - Ungraded	all that does not fit the specific criteria for each official grade				

※各国の品質規格は変更される場合があります。

コーヒー品質の国別規格

国名	グレード	豆のサイズ	欠点数	高度	色	水分値
ブラジル	No. 2	—	4	—	—	—
	No. 3		12			
	No. 4		26			
	No. 5		46			
	No. 6		86			
	No. 7		160			
	No. 8		360			
コロンビア	Premium	18	—	—	—	~12.5%
	Supremo	17				
	Extra	16				
	Europa	15				
	UGQ	14				
	Caracol	12				
エルサルバドル	Strictly High Grown (SHG)	17 60%以上	26	1,201m〜	Green	—
	High Grown (HG)	17 50%以上		901〜1,200m		
	Central Standard (CS)	17 50%		500〜900m		
グアテマラ	Strictly Hard Bean (SHB)	—	—	4,500+ft (1,350+m)	—	—
	Hard Bean (HB)			4,000-4,500ft (1,200-1,350m)		
	Semi Hard (SH)			3,500-4,000ft (1,050-1,200m)		
	Extra Prime Washed (EPW)			3,000-3,500ft (900-1,050m)		
	Prime Washed (PW)			2,500-3,000ft (750-900m)		
ハワイ	Kona Extra Fancy	19	8 in 300g	—	Uniformly good green	9〜12%
	Kona Fancy	18	12 in 300g			
	Kona No. 1	16	18 in 300g			
	Select	16+	5%		—	
	Kona Prime	Optional (may be specified)	5% of 300g			
	Peaberry No. 1	Optional (may be specified)	15% of 300g			
	Peaberry Prime	—	35% of 300g			

産地の高度で分ける生産国、豆のサイズで分ける生産国、欠点豆のポイントで分ける生産国とまちまちです。ジャマイカのブルーマウンテンコーヒーとコナの規格を見てください。ブルーマウンテンの最上級品はNo.1です。しかしコナコーヒーの最上級品はエクストラファンシーでNo.1は上から3番目の品質です。

前職でハワイに駐在していた1990年代、あらゆるネットワークを使って粒揃いのエクストラファンシーを集めて日本に送っていました。出張で帰国した際、そのコーヒーが「コナコーヒーNo.1」として売られているのを見て愕然としました。

「No.1を仕入れて粉にしてエクストラファンシーとして売っている会社がたくさんあるのに、なぜ本物のエクストラファンシーをNo.1で売っているのか？」とマーケティング本部に怒鳴り込んだことがありました。

それに対し「No.1が一番いいグレードではないのですか？」と聞かれてもう一度驚きました。ブルーマウンテンの基準をそのままハワイ・コナに当てはめていたのです。

まだスペシャルティコーヒーブームの起きる前のことでしたから、仕方がないことかもしれません。ただし現在コーヒー専門店としてビジネスをしている人たちが、どこまで各国の品質基準を熟知しているかは非常に疑問です。私もすべての生産国の品質基準を頭に入れているわけではありませんし、そもそも品質規格がない生産国もあります。

余談ですが、欠点豆の含有率で規格が決まるブラジルは、なぜNo.2が一番上かというと、「欠点豆の混入が皆無なことはあり得ない」という観点でNo.1を欠番にしているからです。

昨今のゲイシャ問題のように、とかく分かりやすいブランドに心奪われがちな現状は決して望ましいものではなく、商売でコーヒーを扱う側も、一般の消費者の皆さんも、意識を変えて欲しいものです。

日本の主食でもあるコメに例えると分かりやすいかもしれません。コシヒカリはブランド米として有名になりましたが、魚沼産のコシヒカリは他地域産とは「やはりひと味違う」と評されてきました。そして昨今の気候変動の影響や品種開発により、新たな地域の新たな品種も高い評価を得るようになってきました。コーヒーも同様で、どこ産だから必ず美味しいとか、ゲイシャだから絶対に美味しいなどとは言えません。

ワインは、日頃気兼ねなく飲めるテーブルワインから、「特別な日だから開けるワイン」まで揃っています。コーヒーも同じようにグレードがありますが、現実はワインのような飲み方はされていません。ピンからキリまで高級豆使用と謳っている限り、いつまで経ってもコーヒー文化は育ちません。明確なグレードの基準を持つきちんとしたコーヒー文化を、一緒に築いていきましょう。

第4章

コーヒーの品質はイチにもニにも豆次第

ジャマイカ・ブルーマウンテンの農園経営で知ったこと

　エルサルバドルでコーヒー栽培と精選を学んだ後、25歳の時に私は日本の大手コーヒー会社にスカウトされ、入社後ジャマイカに派遣されてブルーマウンテンコーヒーの農園開発を託されました。

　ブルーマウンテンは当時すでに世界的に有名なコーヒーでしたが、生産量の95％が日本向けに輸出されていました。スペシャルティコーヒーブームが起きるずっと前からブルーマウンテンは高品質として知られ、「グルメコーヒー」としてコモディティと分けて考えられていました。同様の扱いだったのがハワイコナです。両方ともニューヨークの国際相場とはまったく関係なく値付けされていたのです。そしてもうひとつ共通していたのは、偽物が横行していたことです。

　生産量が少ないはずのブルーマウンテンコーヒーが、アメリカでも旧宗主国のイギリスでも売られていましたし、コナコーヒーの年間総生産量の5倍の量を販売して捕まったカリフォルニアのコーヒー会社がありました。

私をスカウトした会社のオーナーには、偽物が多いブルーマウンテンを、自社農園で生産し駐在員がほかの農園からも買い付けすることで、本物のブルーマウンテンを販売している証にしたいという考えもありました。

私に託されたタスクは、いきなりブルーマウンテン山脈内に3か所の農園を開発することでした。1981年から1989年までジャマイカに住みましたが、最初の3年間は本当に必死。何しろ3農園合わせた面積は、約1000エーカー（400ヘクタール＝東京ドーム86個分）で、山脈の南斜面に2か所、北斜面に1か所で狭く険しい山道を移動するだけでも大変でした。

3〜4年経ってようやく余裕が出てくると、ある重要なことに気づきました。それぞれの農園の開花時期が違い、当然収穫期にもずれがありました。土壌も北斜面と南斜面ではまったく違うし、南斜面でも微気候で尾根によって雨量も日射量も違いますから、収穫したコーヒーの品質も当然違います。同じ農園でも、収穫期間中のいつ収穫したかによって味は違いました。

「これを追究したらもっと面白いことになるぞ」

農園を地形と日射量によって区分けしてセクションごとに収穫すれば、豆の個性と特性が明確になり、確実に、最高に美味しいブルーマウンテンをお客様に飲んでいただけるし、独自のクオリティコントロールを作って品質の違いでマーケティングできると気づき、もっと追究していこうと決心しました。

この発見は自分にとって、コーヒーの味を理解する大きなきっかけとなりました。本章を「コーヒーの品質はイチにもニにも豆次第」としたのは、こうした経験から得た知識を踏まえています。

そして1989年、エルサルバドルの内戦から逃れた恩師を訪ねてグアテマラに行きました。その頃自分は、世界で一番有名なブルーマウンテンコーヒーの農園を開発し軌道に乗せたという自負があり天狗になっていたと思います。

私の話を黙って聞いていた恩師は、私をアンティグアのサン・セバスティアン農園に連れて行きました。１８９０年に開園し当時で１００年目という歴史ある農園です。畑の管理がしっかりしており、併設された精選工場の手入れも素晴らしく、乾燥工程への気遣いはかつて見たことのないレベルでした。

国際相場が低い時期だったので、４代目の当主に「こんなにコストをかけて売れるのか？」と聞きました。すると彼に「国際相場など関係ない。サン・セバスティアンの品質を守るのが、自分の責任だ！」と言われてしまい、私はショックを受けました。世界でも超一流の栽培技術を持ったサン・セバスティアン農園は、単なる金儲けではない、美味しいコーヒーを突き詰める姿勢を持っていたのです。

その３か月後、私はハワイに転勤になりました。考えを改め、いっそう美味しいコーヒーを追究する農園を開発しようと決めました。ブルーマウンテンとグアテマラでの出来事は、私のコーヒー人生に大きな指針を与えてくれたと思います。

各国のコーヒーの研究機関は、農学的観点から栽培指導しますし、品種改良も収量や病気や干ばつへの耐性が目的で、どんな味の特性になるかという点は、ほとんど考えていませんでした。一番いい例が、研究所にはカップテイスター（ワインのソムリエのようなコーヒーの品質の官能検査士）はいませんでした。

それではカップテイスターはどこで働いていたかといえば、コーヒー産業を司る政府機関や輸出会社でした。そして研究所と輸出に関わる人たちとの交流は皆無だったのです。

しかし最近では、大きく変わってきています。このような変化もスペシャルティコーヒーブームの結果でしょう。

主な原種はティピカ、ブルボン、ゲイシャ

コーヒーには多くの品種があって、それが楽しさでもあり、また初心者の方には覚えにくく難解と思われる原因かもしれません。いきなりすべてを覚える必要

はないので、まずは有名な原種からご紹介します。ただしここで説明しているのは、各種の基本的な傾向であって、味の特性はそれぞれの栽培環境によって変化します。

【原種】

ティピカ……味のバランスがいい
ブルボン……ナッツ系の味わい
ゲイシャ……フローラル感が特徴

これらの「原種」と呼ばれるものはもともと野生だったのでタフなコーヒーです。また、このほかに突然変異種や人工交配種などがあり、以下が主なもの。

【突然変異種】

カトゥーラ……ブルボンからの突然変異種。フルーティーな柑橘系の味わい

マラゴジッペ……ティピカからの突然変異種。アラビカ種最大の豆

パーカス……ブルボンからの突然変異種。ブルボンより小ぶりで多収量

【自然交配種】

ムンドノボ……ティピカとブルボンの交配種

【人工交配種】

パカマラ……パーカスとマラゴジッペの交配種。豆が大きい。木も大きいが収穫量は少ない

カティモール……カトゥーラとハイブリッドティモールの交配種。サビ病に耐性がある

【選抜種】
SL28、SL34……ブルボンから目的に合わせて選抜し固定された

安易な人工交配種は危惧すべきこと

原種はもともと野生ですから強いのに対して、人工交配種は肥料をしっかり与えないとてきめんに弱ります。

ひとつの人工交配種を作り出すのに、最初の交配種F1を作ってから、種を固定するまでに長い年数がかかります。最近のスペシャルティコーヒーブームの影響で、少しでも珍しい精選方法をして差別化をはかる生産者が増えていると書きましたが、独自に交配種を作る生産者も出現しています。

品種はそう簡単にできるものではありません。たまたま一検体だけ興味深い木ができたとしても、そこから採取した種子が100%同じ形状になるとは限りま

せん。そうなるように何世代にもわたって選抜を繰り返していくので時間がかかるのです。人工交配自体は、手順さえ教えてもらえばそれほどたいへんな作業ではありません。だから遺伝子の基本的な知識のない生産者が適当に掛け合わせて作り珍妙な名前をつけたコーヒーが出回り始めていることは、たいへん恐ろしいことです。そんな不安定な交配種を、高値で仕入れて販売しているのを見ると、コーヒー業界はまだまだ底が浅いと感じてしまいます。

日本で販売されている米や、苺や柑橘類などのフルーツは、都道府県の農業試験場が何年もかけて開発し種の固定化と品質を確認して世に出しています。それは、その品種に責任があるからです。

初心者こそコーヒーを焙煎「豆」で買いたい

店頭で見るスペシャルティコーヒーのラベルはたいがい、国名・地域名・農園名、あるいは品種名、さらには精選方法（ナチュラル、ウォッシュトなど）が記されています。単なる「ブラジルコーヒー」などとされているのは、一般流通品であるコモディティと判断できます。地域名、農園名と細分化されてゆくほど価格は上がる。つまり、トレースできる情報量と価格はイコールであると言えます。

これをどう飲み分けるか。

普段飲みは「ブラジル」「コロンビア」でもいいけれど、ちょっと挑戦したい時や特別な日のためには、トレースできるものを試したい。

注意すべきは、意味もなく高いコーヒーを買わないことです。

私の店・ミカフェートを例に取ると、コモディティのシリーズである「カフェレボルシオン」は、農園までトレースできるコーヒーも使われていますが規格としては地域名までです。これはワインで言えばテーブルワインに相当するもので、高級ではないけれど、そこそこ美味しいデイリーなもので、ミルを持っていなくても気軽に楽しめるように粉の製品だけにしました。

また、コーヒーをこれから始めたいという方にお願いしたいのは、「コーヒー豆を挽くミルを買ってください」ということです。ミルを持っていると「挽く時、淹れる時、飲む時」の3度香りを楽しめます。その1度目をみすみす逃すのはもったいないという意味もありますが、もうひとつ大きな意味が存在します。

それは、「豆から見る」ということです。

焙煎されたコーヒーを粉で買ってしまったら、どんな豆が使われていたのかすら分からなくなってしまいます。せっかく農園名や品種名まで明記されたコーヒーを購入されたのなら、品種による豆の形の違いが楽しめます。慣れてくると、ほかの店で買ったブルボンとこの店のブルボンは、形が違うなんてことにも気づくかもしれません。

また店によって粒の揃い方も違います。さらに言えば、虫食いや割れ豆や空洞の豆が多い場合もあります。未成熟の豆は、焙煎すると成熟豆よりもやや黄色みを帯びていますからすぐに判別がつきます。これらの味を落とす欠点豆を取り除

きれいな焙煎豆
粒が揃い、欠点豆の混入がない焙煎豆。この美しさを覚えて基準にしたい。

きれいな生豆

主な欠点豆の例

欠け・割れ

虫食い

つぶれ

しわ

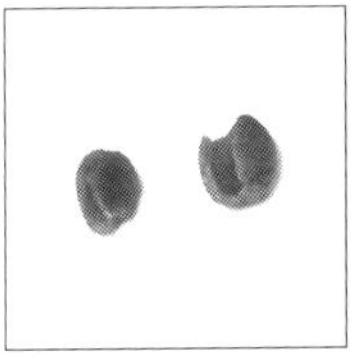

貝殻豆（右）

黒豆

くとコーヒーはいっそう美味しくなります。

そして、これを繰り返すことによって豆の目利きができるようになります。コーヒーを粉で買っていると、いつまで経っても豆を選べるようになりません。また極端なことを言えば、粉には何が入っているか分かりません。

こうした選別作業を、ハンドソーティングと呼びます。日本のコーヒー業界ではハンドピックと言っていますが、これも大きな間違いです。

ソート（選別）するのであって、ピック（摘む）ではありません。ハンドピックとは、本来は木からコーヒーの赤い実（コーヒーチェリー）を摘む、手摘みのことを指しています。ほとんどの店でプロたちが誤用していますから、この本を読んだ皆さんは、正しい知識をつけてください。

ちなみに機械選別は「メカニカルソーティング」です。ハンドピックの間違いに限らずですが、日本のコーヒー関係者や書籍からコーヒーを学んだアジアの人々は、同じ間違いをしています。

コーヒーはソーティングの繰り返し

実はコーヒーは、何回もソーティングをされます。最初のソーティングは、収穫直後に完熟豆と未熟を目視で分ける作業です。その後のプロセスは大きく3種類あると説明しましたが、どの工程でも必ず行うのは、コーヒーチェリーを水に浮かべて浮力で重たい豆と軽い豆を選別することです。ウォッシュトの場合はウェットパーチメントの状態でも浮力の選別を行い乾燥工程に進みます。乾燥後のプロセスは、すでに説明した通り何回もソーティングを繰り返して生豆にして輸出します。

このような全工程でのソーティングの精度と頻度によって、コーヒーの品質は大きく変わっていきますし、価格も当然それに連動します。しかしどんなに精度の高い高品質の生豆を買っても、100％完璧ではありません。ましてや安価な豆は、味を落とす欠点豆が大量に入っています。

志の高い焙煎店では、購入した生豆をそのまま焙煎せずに事前にソーティングを行います。ここまでやる珈琲屋さんは増えつつありますが、実は焙煎豆になってから判明する欠点豆もあるので、さらにいい品質を求めようとしたら焙煎後にもソーティングが必要です。

もし今お手元にコーヒー豆があれば、白い紙の上に広げてみてください。余談ですが、生豆のソーティングをする時は黒色、焙煎豆の場合は白色の上で行うと分かりやすいです。

割れた豆、欠けた豆、つぶれ豆、虫食い豆（かじった跡や小さな穴）、超小粒豆、中が空洞の豆、丸っこい豆、細かい欠片などが、正常な豆の間に入っていませんか？　また、ほかの豆よりも少し黄色っぽい薄い茶色のような豆が入っていませんか？　丸っこい豆以外はすべて味を落とす豆です。

丸っこい豆はピーベリーと呼びます。日本では「コーヒーチェリーの中には本来豆が2粒入っているのに対して1粒しかないのがピーベリーで、枝の先端にできる」というのが通説になっていますが。ぜひインターネットで調べてみてください。残念ながらこれも間違いです。

ピーベリーの場合も豆はチェリーの中に2粒できますが、片方がスプーンの先端のツボのような形状に育つので、もう片方が丸く成長します。それでは、片割れはどこに行ってしまうのかというと、精選過程でゴミや殻と一緒に分別されます。そして枝の先端にできるとは限りません。品種によってもピーベリーができる割合は違い、3～4%から中には10%以上になる品種もあります。

こうしたピーベリーは前述の豆のサイズ選別の際、専用のメッシュで選り分けられます。通常の平豆よりも少し酸が強い傾向があり、生産国によって違いはありますが、一般的に品質規格としては上から2番目になります。ただしピーベリーもサイズがあるので注意が必要です。極小のピーベリーは美味しくありません。マニアの中には、各産地のピーベリーだけを飲む人もいます。

虫食い、黄色っぽい豆は、畑で起きた問題です。未成熟豆は、焙煎してもほかの豆のように茶色になりません。これが、えぐみ、雑味の最大の原因です。割れ、欠け、つぶれ豆は、工場で起きた問題です。果皮除去や脱殻の際に機械に挟まるか潰された結果です。

超小粒や空洞豆も工場で起きた問題です。サイズ選別機で巨大な豆と小さな豆は、選り分けられます。巨大な豆は中が空洞の場合が多いからで、小さな豆は養分不足の可能性があるからです。巨大な豆はエレファントとかマザービーンズと呼ばれます。豆が妊婦さんのお腹のように迫り出していて、爪を引っかけて分けると2つに分かれてしまい、片側は空洞の状態になります。この巨大豆をそのまま焙煎すると、焙煎中に自然に分かれます。空洞なので火の入り方も平豆と違いますから味も変わります。もし空洞豆があったら、片割れも見つけられるかもしれません。

それでは、なぜこのような味を落とす豆を完全に取り除いていないのかと思いますよね。消費国のバイヤーが品質よりも価格重視で購入しようとすれば、当然売り手は歩留まりを考えて品質の幅を広げ、低品質の豆も入れて要望に応えるからです。

自家焙煎で購入したコーヒーでは、細かい破片を見ることはないと思います。大手メーカーが大量生産した製品には、多かれ少なかれ必ず入っています。巨大な焙煎機で煎った豆は、チューブ内を空気で飛ばして包装充填機に運びます。この時に効率化を優先すれば高速で豆を飛ばすことになり、当然豆はぶつかって欠けます。深く焙煎した豆はさらに割れやすくなります。

これらの豆は、すべてカップの味を落とします。これだけ集めて抽出してみれば、よりいっそう分かっていただけると思います。刺激的な味ですよ。

普段皆さんが米を買う時に、虫食いや砕けたものや変色した米が入っていたら、それを選びますか？　絶対きれいに揃った米を買いますよね。これからは、コーヒーも同じように選んでください。

第5章

本物のコーヒーは苦くない、酸っぱくない

美味しいコーヒーは砂糖もミルクも要らない

1章冒頭で「美味しいコーヒーは冷めても美味しい」と述べました。ツンとしたイヤな酸味は本来の味でなく、劣化のせいだと。ここではもう少しコーヒーの味にフォーカスして、そのあたりを解説してみます。

本章タイトルにある通り、「本物のコーヒーは苦くない、酸っぱくない」飲み物です。砂糖もミルクも要らない、と言い換えてもいいでしょう。私の営むミカフェートでも、基本的にはコーヒーにはミルク・砂糖を一緒に出しません。なぜか。それはまさに「コーヒーはフルーツ」を体験していただきたいからです。皆さんは美味しいフルーツを食べる時、わざわざ砂糖をかけたりしませんよね。コンポートにしてみたり、砂糖を入れなければいけないのは品質や形が悪いから。これと同様に、コーヒーも新鮮な果実として理解する発想が大切だと思います。

「冷めたら飲めない」原因はいろいろあります。

まず第一には、ソーティング不足で未熟などの欠点豆が混ざっている場合。これは、えぐみや雑味につながります。

第二に、酸化している場合。酸化は生豆の時点での酸化と、焙煎豆の酸化、そして抽出してから時間が経ってしまった酸化とに分かれます。

生豆での酸化は輸送時の温度管理がなされていなかったり、倉庫での保管の仕方がおろそかだったり、あるいは珈琲店で焙煎機の脇に雑然と置きっ放しにされていたり、そもそも何年も前の古い豆だったり、などのケースが考えられます。

こうした「生豆の段階で古くなってしまった」ものは、埃っぽい、いがらっぽい味がします。長年にわたり、コーヒー業界では焙煎豆の鮮度の話ばかりしてきましたが、生豆の鮮度や保管方法には注意を払っていません。極端な話、生豆は劣化しないと思われていました。

生豆で古くなった味とはどんなものか、焙煎後の時間経過で新鮮さが失われた味はどんなものか。そうしたことを珈琲店がもっと認識し、消費者に説明することが必要です。

ちなみに、新しいコーヒー豆のことを「ニュークロップ」と呼びます。産地でニュークロップといえば穫れた年のコーヒーを示します。

各国で行われる品評会ＣＯＥの受賞豆は日本でもよく目にします。その年の受賞豆ならいいのですが、高い豆はそう簡単には売れませんから、中には何年も前の受賞豆を売っている店を見たことがあります。空気に触れて酸化し、湿度と温度で痛めつけられた「元」最高級豆を落札価格で買わされる消費者が気の毒ですし、結果的に店の評判もＣＯＥの威信も失われてしまうでしょう。

日本人にはお米で説明するのが分かりやすいと思います。たとえ品評会の受賞米でも古米なら誰も買わないでしょう。ましてや虫食いや欠けた米粒が多い製品など買わないはずです。

日本にはエイジドコーヒー、エイジングコーヒー、オールドビーンズなどという名で、古いコーヒーを敢えて年代物のように扱う習慣がありますが、私自身の見解では、通常管理の古いコーヒーが熟成されて美味しくなることはありません。

そもそも私は、このようなコーヒーがあることを知りませんでした。その存在を知ったのは、１９８３年のメキシコでした。当時私はジャマイカに駐在していて、日本の焙煎業者20名余りのジャマイカ産地ツアーの案内をしました。ジャマイカでの予定が終わり、次の訪問地のメキシコにぜひ通訳とコーヒーの専門家として同行して欲しいと頼まれました。メキシココーヒー院の手厚い歓迎を受け、産地を巡った後、首都のコーヒー院本部で総裁との懇談会に臨みました。

その際、ある焙煎業者が「メキシコのコーヒーを気に入ったので購入したいが、日本は倉庫代が高いので3年ほどメキシコで寝かせてくれないか」と質問してきました。

私は質問の意味がまったく理解できず、なぜそんなことをするのかと尋ねたら、寝かせて品質を上げるためだからと言われて驚きましたが、そのまま総裁に通訳しました。総裁は怪訝な顔をして、「君は訳し間違えてないか？　なぜそんなことをする必要があるのか？　せっかくのニュークロップだよ？　もう一度聞き直してくれ」と言われました。

その時初めて、日本にはオールドビーンズと呼ばれるコーヒーがあることを知ったのです。その後もほかの消費国をかなり旅しましたが、日本以外では聞いたことがありません。

ちなみに、私が開発した、脱酸素包装で定温管理しフレッシュな状態で熟成させる「ヴィンテージコーヒー」は、枯らしてしまうオールドビーンズとはまったくの別物です。

私の会社の18度に温度設定したコーヒーセラーでは、最高級に相当する「グラン クリュ カフェ」と認めた豆を年度ごとに保管しています。これは収穫した年に輸入した新鮮なコーヒーを、酸化を防ぐために脱酸素状態で小分けにして定温管理します。脂質とショ糖を多く含んだ高品質の豆は、この管理方法で熟成され

ミカフェートのコーヒーセラーでは、生豆を脱酸素包装して定温保管している。

ていきます。10年経った豆の色も水分値もニュークロップのまま。世界で初めて、コーヒーのヴィンテージを作ることに成功したのです。これは、豆を枯らすオールドビーンズとは思想がまったく異なります。

前述のようにそれ以外のコーヒーも脱酸素で定温保管をしていますが、これは熟成させるためではなく鮮度を保つためです。熟成できる豆は、限られているからです。

さらに別の極端な例としてコー

ヒー業界の裏事情をひとつ挙げれば、倉庫会社は半年に一度くらい生豆倉庫の掃除をします。運搬中に麻袋からこぼれ落ちた豆や、先の尖った「刺し」を使ってサンプルを取る際にこぼれた豆があり、それらは集めると結構な量になります。結果的に各国の生豆からなる「スペシャルブレンド」が大量にできあがります。これを専門に扱う業者がいます。たまに信じられないような価格で販売されているコーヒーを見受けますが、このような豆が使われている可能性はあります。また国際価格が高騰すると、このような豆でも需要は高まります。

そんな例はさておいて、美味しいコーヒーは新鮮なフルーツ同様の魅力があるわけですから、単なる濃さではないコクの深さがあり、酸味の中にも甘味を感じます。完熟した実だけを使って作ったコーヒーならば、雑味もえぐみもないクリーンさとフルーツの酸味を感じられます。コクと酸味は栽培環境が影響しますが、どの栽培環境でも本当に美味しいコーヒーは、「クリーンカップ（雑味がない）で、甘味がある」とも言えるでしょう。

初心者がコーヒーの味を知る方法

「自分の好きなコーヒー」をどうやって知るべきか。初心者の方からこうした質問をよく受けますが、これは「見つかるまで飲むしかない」というのが答えです。まずは、いろいろなコーヒーを飲むことから始めてください。

店選びの基準は「ちゃんとした情報を教えてくれる店」。豆の出自や輸送方法などの質問にきちんと答えられる、親身な店がいいでしょう。

最初に出会った師匠がよくなければ間違って覚えてしまいますから、時には検証も必要です。誰か特定の店のマスターに教わったとしても、ある程度まで行ったら「よそで飲む」のも、幅を広げる意味で大切です。珈琲店のマスターは専門家の私から見ても正直「割と面倒くさい人」が多いかもしれませんが、願わくば、それでコーヒーを嫌いにならないように。珈琲店の側にお願いするとしたら、たとえ相手が初心者でも威圧せず、ありがたくもファンが増えるのだと考えて、コーヒー文化を広めるために温かい目で見守り、接して欲しいと思います。

サードウェーブの影響で昨今はとかくスペシャルティのシングルオリジンばかりが着目されますが、複数産地のものを配合したブレンドも決して悪いものばかりではありません。1970年代、1980年代の珈琲専門店は、限りある品質の中から豆を選び、ソーティングして自分の店の看板ブレンドを作っていました。

それがいつのまにかブレンドは、価格を下げるためのものになってしまいました。しかし今でもきちんとした珈琲店であれば、シングルオリジンでは出し得ないふくよかな味わいや、デイリーに楽しめるコストパフォーマンスのいい美味しさを目指したブレンドを用意しているはずです。

ちなみに、しばしばワインになぞらえられるコーヒーですが、嗜好品としての文化やグレードを確立させる意味での参考にはなるものの、飲み物自体の性質としては、ワインとの共通項はあまりありません。土壌も作り手も違いますし、先にも述べたように一般的な扱いでは年数経過で熟成されるものでもありません。

とはいえ、ワインと同じように、コーヒーも畑や品種、穫れた年の気候が仕上がりに影響します。「今年はあの産地が当たり年だなあ」と言えたりするような、そういう楽しみを持った文化を作りたいところです。

そこまでしないと、コーヒーが本当の嗜好品になったとは言えないのではないでしょうか。

各国各地の独特なコーヒーの飲み方とは?

アイスコーヒーは一般に日本発祥だと言われています。これはおそらく本当でしょう。昭和30年代の大阪あたりでは、冷やしたコーヒーを意味する言葉として「冷《れい》コー」「コールコーヒー」などが使われていたようです。

反面、世界各国を飛び回ってきた私も、海外では長らくアイスコーヒーは見かけませんでした。アイスコーヒーや缶コーヒーの話をすると、苦虫を噛みつぶしたような顔をされました。その後少しずつ飲まれるようになってきましたが、氷を入れたグラスにホットコーヒーを注ぎ込むだけで、ちっとも美味しくなかったです。

20年くらい前からスターバックスが瓶入りのミルクコーヒーを販売するようになり、アメリカでも少しずつ冷たいコーヒーが飲まれるようになってきました。しかし圧倒的に瓶入りが多かったです。アメリカでは、缶入りは安物、保存の利く物という意識があります。ですからアメリカのスーパーの棚に並んでいるRTD製品（Ready To Drink＝開けるだけですぐ飲める）は瓶入りが多く、なおかつ500円前後という立派な値段で売られていて、日本の缶コーヒーメーカーの人たちは本当に羨ましがっています。

コーヒーも文化であり、国や地域、社会によって違うもの。知識の幅を広げる意味で、ここではそうした実例をいくつか挙げましょう。

ベトナムでは、コンデンスミルクをたっぷり入れたベトナムコーヒーが有名です。一般にインスタントに多用される安価なロブスタ種の生産がメインの産地です。ロブスタは独特な嫌な匂いがしますが、深く煎ることでそれを隠せます。深煎りのコーヒーはミルクと相性がいいので、そこに甘いコンデンスミルクを入れて飲みます。

コンデンスミルクといえば、私が7年半住んでいたジャマイカもコーヒーにコンデンスミルクを入れる国です。コーヒーを頼むと最初からコンデンスミルクが入っています。「少しにして」と言わないと、歯が染みるほど甘いコーヒーが出てきます。これは余談ですが、熱帯の国は冷房が寒いほど利いていますし、お菓子もメチャクチャ甘い。これは、お客さまに対する最高のおもてなしなのです。

ジャマイカのスーパーで驚くのはコンデンスミルクの棚の大きさ。大量のコンデンスミルクが並べられていました。コーヒーだけでなく、いろいろなものにコンデンスミルクを使います。これは地方に行くと電力事情が悪く、また市内でも電気を引けない貧しい人々が、牛乳と違って冷蔵不要で保存が利く缶入りのコンデンスミルクを多用しているからだと思います。

私が駐在中、コンデンスミルクとバス料金の値上がりがきっかけで暴動が発生し、会社から家に帰るのに巻き込まれないよう慎重に避けてようやく家までたどり着いた、という思い出もあるほどです。

また、ミャンマーの国立コーヒー研究所を訪問した際に出された、砂糖とライムが添えられていたコーヒーも忘れ難いです。所長が「ミャンマーの飲み方」だと砂糖を入れてライムをぎゅっと絞るのを見て、自分でも真似して飲んでみました。

ライムといえば、ジャマイカでは風邪をひくと、とても濃く淹れた少量のコーヒーにホワイトラムを1ショット、そこにライムを1個まるごと絞り入れて飲まされました。身体がカッと熱くなり汗が出る、風邪薬としてのコーヒーでした。

グアテマラやペルーの田舎のレストランでは、超濃厚に淹れたコーヒーを醤油差しのようなガラス容器に入れたものが、テーブルに置いてあります。コーヒーを注文するとお湯を持ってきてくれ、自分の好みの濃度に合わせて薄めて飲みます。

コロンビアの農家に行くとご馳走になるのが、パネラコーヒー。サトウキビを絞って作る自家製の粗糖「パネラ」をお湯に溶き、そのお湯を使ってネルドリップで抽出します。黒糖のようなパネラの香りと甘さが、疲れている体に染み渡り、それはそれで美味しく感じました。首都ボゴタではお目にかかれない、田舎ならではの飲み物です。

コーヒーの穫れるところに、当地の味あり。

現地の農園などで肉体労働をしている人たちが飲んでいるのは、たいてい甘いコーヒーです。味わいを愛でるというよりも、うるおいとリフレッシュのため。日本人にとってのお茶のような存在です。生産地で飲まれるコーヒーは輸出規格外の品質ですが、どの国でも抽出方法や飲み方に工夫をほどこして、日々の生活に息づくコーヒーにしています。

そんな中、日本のコーヒー文化は、世界に誇れるほど多様な抽出方法と飲み方があり、裾野も広いと言えるでしょう。

砂糖やミルクは決して「入れてはいけないもの」ではないですし、自分が本当に美味しいと思うコーヒーを飲めばいいのです。ご紹介した各国各地にある飲み方はまさに幅広いコーヒー文化そのもの。

ただひとつ、冒頭でも記した通り、美味しいコーヒーは何かを足す必要もなく、それ自体でフルーツのように美味しく味わい深い飲み物だということは覚えておいてください。

第6章

コーヒーはワインと同じようにフルーツである

1990年代に私が提唱し始めた「コーヒーはフルーツ」

各章でも触れた「コーヒーはフルーツである」という話は、今でこそ各地の焙煎店のマスターからも聞かれるようになりましたが、そもそもは、私が1990年代に提唱し始めた言葉です。ジャマイカのブルーマウンテンで3つの農園を開発する中で、ワインのように土壌や斜面の違い、もっと言えば朝日が最初に当たる特定の斜面の畑が最上だとか、そうした事実を体感して気づきました。

フルーツだからこそ、酸味と甘味を味わうのがコーヒー。フルーツだからこそ、運搬も保管も相応に扱わなければいけない。

そうしたことはすでにお話しししました。

産地・産年度やテロワールがあり、評価基準やグレードが存在し、それを楽しむ文化が作れるジャンル。そういう意味でしばしばワイン文化になぞらえられます。ところがグレードがまだまだ明確になっておらず、それぞれが好き勝手に

「最高級豆使用」などと謳ったりしてしまう現状は、まだまだワイン文化に及びません。また、単純に「ワインと同じ」と言われがちですが、実際は、さまざまな部分でワインとは状況が異なります。

ワイナリーは通常、自社でぶどう畑を持っているので、素材のクオリティを知っています。基本的には単一品種で畑を作り、単一品種でワインを作り上げるので「品質のピラミッド」は産地で完結します。また、輸送時の不安定な温度や振動は大敵と分かっているから、温度管理のない単なる鉄の箱であるドライコンテナで輸出することなどはありませんし、高級ワインは空輸です。

一方のコーヒーは、残念ながらそのあたりが徹底されていません。多くの生産者は、複数の品種を同じ畑に植えてしまいますし、これを続けると交雑が起こる可能性があります。こんなことが起きるのは、ワインと違って生産国の大半が開発途上国であり、生産物の品質を知らない生産者が多いからです。

例外的に昔から単一品種でやってきた産地は、ハワイ島コナ地区と、ジャマイカのブルーマウンテン。スペシャルティコーヒーという分野ができる以前にグルメコーヒーと呼ばれていた産地です。どちらも単一で、ティピカ種がメインの品種でした。これは実のところ、先見の明ではなく「たまたま」です。

ハワイはどこの生産国からも離れた太平洋の真ん中で、ほかの産地との交流もなく情報が乏しく、結果的に昔からの品種を育て続けたことによります。

またジャマイカの場合は、カリブ海諸国の英語圏でコーヒーの商業栽培をしている国が少なくもともと情報が少ない上に、世界で一番有名なブルーマウンテンを作っているという自負から、「他国から学ぶことなどない」と考えていたからだと思います。スペイン語圏を見下していたことも影響していると思います。

実際に私が赴任した当初のジャマイカの栽培技術はエルサルバドルより20年以上遅れていた上に、新しい技術を教えようとしても受け付けず、苦労もさせられました。けれども、その「遅れ」のお陰で貴重なティピカが守られていたとも言えます。

コンテナと1杯のコーヒー価格の話

私の会社が苦労してすべての豆をリーファーコンテナか空輸で運ぶのは、もちろん美味しいコーヒーのためですが、それだけでなく、成熟した嗜好品文化を育てたいという想いを強く抱いているからでもあります。

輸送用のコンテナは、前にも書きましたが、20フィート（約6メートル）と、40フィート（約12メートル）の2種類です。40フィートでコーヒー麻袋が300〜400袋入ります。定温管理ができるリーファーコンテナは、大半がその大きい方の40フィート。もちろんドライコンテナより割高ですが、1杯分の価格にすれば0・5円にもなりません。

ですが、ボリュームビジネスの商社にとっては大きな差。穀物の感覚ですから1セント、1円でも安くしたいと考えるのが商社です。

輸送方法として最上なのは、もちろん空輸。高価ですが所要時間が圧倒的に短くて、劣化の可能性を極力排除できます。そうした理由で、私の店ではとっておきの高級豆には空輸を使うようにしています。

かつてレユニオン島で私が幻の希少種、ブルボン・ポワントゥを発見し、7年かけて島のコーヒー産業を復活させて最初に輸出した時は、もちろん空輸でした。

レユニオン島はインド洋のマダガスカル東方に浮かぶ島で、歴史的にはフランスが植民地化しブルボン家に因んでブルボン島と命名され、現在ではフランスの海外県にあたります。

フランスの東インド会社が、イエメンからティピカ種と思って持ち出してこの島に植えた木が、時を経て形状がティピカと違うことが分かり、この島で起きたティピカからの突然変異種として島の名前がついて、ブルボン種と呼ばれていました。

ブルボン種は、アフリカ大陸やブラジルにも紹介され、私の幼い頃は「ブルボン・サントス」がブラジルコーヒーの代名詞のようになっていました。エルサルバドルの国立コーヒー研究所でコーヒーの遺伝子の勉強をした際、慣れ親しんだその名前の由来がインド洋のブルボン島にあると知り、なおかつ、同じブルボン島にもうひとつの突然変異種があったことを突き止めました。あまりに生産性が低くて絶滅してしまったそのブルボン・ポワントゥは、曰く「片方の先が尖った変わった豆で、非常に香り高く、素晴らしい品質だった」と。

２００７年にようやく最初の出荷を迎えることになりましたが、大事な豆を輸送中に劣化させるわけにはいきません。レユニオン島にはコーヒーを入れる麻袋がなかったので、米の布袋にブルボン・ポワントゥを入れて、エールフランスでパリ経由で成田に送り出しました。かくして無事に受け取れたものの、これがもしも船便だったらと考えると、とても恐ろしい話です。この島から日本行きの貨物船などありませんから、おそらく灼熱のシンガポールかインドに送られ、そこで横浜行きの船が来るまで港に置かれ、数か月かかって届いたでしょう。

ちなみにこの島で「ティピカから起きた突然変異種」と信じられていたブルボン種ですが、20年ほど前にＤＮＡ鑑定でエチオピア生まれの原種と判明しました。

つまり、もともとこの島に持ち込まれたのがティピカではなかったのです。

一般のコーヒー愛飲家にできること

今や世の中にはコーヒーの情報が溢れていて、どれを信じていいのか迷う人も多いはず。その中から取捨選択をしていくのは一般のコーヒー愛飲家には非常に難しいですし、たぶん業界の人間でも迷ってしまうことでしょう。それほど、都市伝説や思い込みや誤解、訳し間違いが通説になっているのが現状です。

そこでここでは、細かい話はやめて、皆さんにぜひ理解していただきたい基本的なことを記します。

①コモディティコーヒーの中にも美味しいコーヒーはある

スペシャルティコーヒーブームで、コモディティコーヒーが蔑《ないがし》ろにされがちですが、中にはそこそこ美味しいハイ・コモディティコーヒーがあります。こちらの方が、名ばかりのスペシャルティや古くなったオークションコーヒーよりずっと安くて美味しいです。これを見分けるのは、前にご説明したように焙煎豆を観察し、欠け豆や虫食いなどの味を落とす豆がたくさん入っていないかを見てください。

②スペシャルティコーヒーを作る農園のコーヒーが、すべて美味しいわけではない

コーヒーの収穫期間は地域によって差はありますが、3か月くらいです。コーヒーの花はいっせいには開きません。小さな開花があり、その後開花のピークが訪れ、最後に再び小さな開花が見られます。同じようなパターンで収穫を迎えます。当然収穫時期によって品質は異なります。

生産者はピークの開花で結実した実に十分栄養を与え、病虫害から守っていきますから、当然この時期の収穫物が美味しいと言えます。我々プロは、このコー

ヒーを買い付けます。日本に帰ってきて「初摘みコーヒー」と銘打って販売しているコーヒーがあり、びっくりしました。最初の収穫の品質は期待できないですし、量もそれほど穫れません。

また農園の中でも美味しいコーヒーが穫れる畑と、そこそこの品質の残念な畑があります。品評会に出展するコーヒーは、一番環境に恵まれた畑の中で特に樹勢のいい木から、収穫期のピークに完熟豆だけを摘んだものです。

さらに精選加工の項で説明したように、収穫から出荷の工程で何回も選別作業が加わります。ここでどのグレードのコーヒーに仕上げるかが決まります。

また、品種がその農園の自然環境に適しているかも重要です。素晴らしいブルボンを作る農園が、必ずしも美味しいゲイシャを作るとは限りません。ですから「あの有名な××農園のコーヒーだから美味しいはず」と思い込んで高い値段で買うのは危険です。

③珈琲店もリーファーコンテナで運ばれてきたコーヒーを使いたい

多くの珈琲店が、少しでも品質のいい豆をお客様に飲んでいただきたいと思っているでしょう。「できることならリーファーコンテナで輸送し定温倉庫で保管された生豆を仕入れたい」と願っても、個人で輸入するのは非常に難しくコストもかかります。しかし消費者の皆さんが、コーヒーを購入する際に輸入方法や保管方法にこだわりを持ち、その価値を認めて品質に対する対価を払うようになれば、珈琲店も輸入商社にそれを求めるようになります。

商社もドライコンテナ輸送に固執しているわけではなく、取引先から要望があれば喜んでリーファーコンテナ輸送で輸入します。だからぜひ消費者の皆さんも、焙煎や抽出にこだわりを持つのと同じように、生豆の品質にこだわりを持ってください。

第7章

SDGsがコーヒーの品質を上げ、市場を変える

コーヒーが変われば世界が変わる

私は長らく「コーヒーが変われば世界が変わる」と言い続けてきました。

この章では、単にコーヒーが美味しい飲み物だという話にとどまらず、コーヒーは世界中と繋がっていて、地球環境や人々の未来をも考えさせ、好転させ得るものだということを述べてみたいと思います。

コーヒーは、もともとエチオピアの森の中で生まれた日陰で育つ植物です。

一般にコーヒー農園といえばブラジルのような平地を切り開いた大規模プランテーションを想像する方が多いと思いますが、ほかの生産国では多くの農園が小規模ですし、シェードツリー（日陰樹）の下にコーヒーの木が植わっているシェードグローン（日陰栽培）の農園が多いのです。

大きなシェードツリーの落葉が地面を覆い、天然のマルチ（土壌を覆うシート）になります。シェードツリーによって地表に当たる太陽の直射日光が減り、さらに落葉によってカバーされるので雑草は生えにくくなります。除草剤を使用する必要がなくなり、その上、土中の水分保持にもなります。これは長い雨の降らない乾期に大きな影響を及ぼします。加えて、このマルチとシェードツリーの根がエロージョン（土壌浸食）を防いでくれます。エロージョンが起きると、養分豊富な表土が雨水と一緒に流され河川に堆積し、堆積した土砂は大雨が降ると下流に多大な被害を及ぼします。またシェードグローンは、霜や雹の被害からコーヒー樹を守ってくれる意味でも利点です。

コーヒー畑を作る際、森の木を切り倒して開墾する必要はありませんし、無計画に伐採されてしまった森を復活させる時にコーヒーを一緒に植えれば、地元の人々の換金作物となります。つまりは、森を守りながらコーヒー栽培で生活していけるようになります。

今最も危惧される二酸化炭素などの「温室効果ガス」の削減問題についても、森を保ちながらの栽培ができるメリットは計り知れません。シェードグローンはコーヒー農園全体でより多くの温室効果ガスを吸収できます。

以前は、多くのアラビカ種の生産国でシェードグローンが一般的でしたが、突然変異で矮性品種（小ぶりでシェードがいらないので密植ができ、収量が多い）が生まれ、それにサビ病耐性の品種を掛け合わせた人工交配種がもてはやされた1980年代後半からサングローン（日なた栽培）に変える生産者が増えました。しかしスペシャルティコーヒーブームとともに在来種を見直すようになり、さらに最近の地球の温暖化や気候変動の問題でシェードグローンが戻ってきています。

しかしブラジルにあるような巨大農園では、効率的に栽培するのに機械化が必要不可欠ですし、それに対応できる矮性種を植えなくてはなりません。このような農園ではシェードツリーが邪魔になるので、シェードグローンはできません。そこで土地のすべてを開発せずに、開発する面積と同じくらいの面積を原生林として残し、オフセットすることで環境保全をしています。大量生産できる安価で安定したコーヒーも市場には必要で、サングローンでも工夫して環境を守りながらコーヒー栽培を続けています。

以上は環境問題の一例ですが、コーヒー栽培はほかにも産出国での貧困や教育の問題などを解決に導く可能性を秘めています。

コーヒー栽培が抱えるそもそもの課題

かつて生産国では、大量の化学肥料を与え、頻繁に農薬を使用して病虫害を駆除し、収量を上げることに専念してきました。これは、昔の日本の農業も同じです。それによってどんな弊害が起きるかは考えなかったのです。

私が最初に農園開発に携わったジャマイカでは、ブルーマウンテン山脈の環境破壊の元凶はコーヒーだと環境保護団体に指摘されたほどでした。だからこそ生産国のコーヒー関係者は、コーヒー産業がサステイナブル（持続可能）になるような取り組みをするようになりました。特にその傾向は、１９９０年代以降顕著になりました。

農薬を使わない病虫害の駆除

・生物的防除＝菌や虫などの天敵を使う
・栽培的防除＝害虫の習性を研究し罠を仕掛けたり、忌避する臭いで寄せ付けない予防

畑をきれいに保つ

・畑の風通しをよくする
・シェードコントロール（日射量が減る雨期に入る前に、日陰樹の枝落としをする）
・収穫期終了後、枝に摘み残したり地面に落ちたりしたコーヒーチェリーを除去する

これらをやってもまだ被害が出る場合に、限定的に農薬を使用する生産者が多く見られるようになりました。

また、コーヒーの加工で出た廃棄物を含んだ強酸性の排水は、石灰を投入して弱酸性にし、複数の貯水池を経由させ数か月かけて濾過し、魚が棲める状態に戻して川に流し、沈殿した果肉などの廃棄物は、それを集めて肥料として活用するなどしています。

私が環境保護や減農薬に目覚めたのは、1980年代のジャマイカで農園開発をしていた時のことです。土壌にいる線虫とリーフマイナーと呼ばれる葉につく害虫を駆除する農薬を撒いた数日後、空を飛んでいた小鳥が目の前にバタバタと落ちてきて死んでしまいました。

気化した農薬にやられたのでしょう。改めて農薬の怖さを実感しましたが、当時そのアメリカ製の農薬は世界中で使用されていました。その経験から、農園従事者全員の健康診断をしなければと思い、ジャマイカで引き受けてくれる医師や機関を探しましたが、当時まだ農薬問題はクローズアップされておらず、見つかりませんでした。そこで紹介された環境問題に関心を持っていたインド系の医師に説明し、彼のクリニックで定期的に血液検査と尿検査、問診を受けるようにしました。そして結果が悪かったスタッフは、一定期間農薬を取り扱う仕事から離すようにしました。

それ以前から農薬を取り扱う際に使用する防護服や農業用防毒マスク、ゴーグル、ゴム製グローブ、ゴム長靴は用意してありました。急峻な畑を噴霧器を担いでの移動で暑くて作業員たちは着けるのを嫌がりましたが、身を守るためだと説得し着用を義務づけました。また使用済みの農薬のプラスチックの容器を廃棄すると、農薬の知識のない地元の人々は、いつのまにか持って帰って飲み水を汲んで運ぶために使ってしまいます。そこで、使い切った容器はすべて穴を開けて廃棄するように指導しました。

現在、コーヒーの国際相場は高止まりの状態です（2022年5月）。しかし生産コストはそれ以上に高騰しています。石油価格の高騰は、コーヒー産業に多岐にわたって影響があります。またロシア・ウクライナ問題も悩みのひとつです。両国は化学肥料の最大の輸出国でもあり、コロンビアでは化学肥料が3倍に上がっています。コーヒーの国際相場が上がっても、それ以上に生産コストが上がれば生産者はやっていけません。肥料が高くて施肥をしなければ、品質も収量も減ります。これは、最終的に我々消費国の人間にも影響してきます。

生産者、消費者と分けるのではなく、いわば「共同生産者」という意識を持って産地を知るのが大切でしょう。双方がお互いを認識しあう必要があるのです。農園も、もし1980年代のままであったら、今頃コーヒーは諸悪の根源となっていたかもしれません。

話はＳＤＧｓ（持続可能な開発目標）に戻りますが、２０１５年に国連が掲げたＳＤＧｓの17のゴールすべてにコーヒーは関わりを持っています。当初は盛り上がりに欠けていましたが、最近ではＳＤＧｓをテレビや新聞、雑誌などでよく見かけるようになりました。しかしその内容が意味不明であったり、実態に即していないと感じることが多々ありました。そこで東京大学の池本幸生教授と、長年国際ＮＧＯで環境問題に取り組んできた山下加夏さんと3人で『コーヒーで読み解くＳＤＧｓ』（ポプラ社）を２０２1年3月に出版しました。この本を読んでいただくと、コーヒー生産国がいかに環境や人権に配慮しているかを理解できると思います。

第8章

コーヒー文化の成熟はこれから

日本のコーヒー文化の現状と成熟に必要なこと

　この国のコーヒー文化は、すでに述べたように多種多様な抽出方法や、極めた焙煎技術などが相まって、世界的にも誇れる歴史を歩んでいます。しかしながら嗜好品としての文化の成熟は、まだまだこれからだと私は思っています。

　デイリーな一杯から特別な日に淹れる「とっておきのコーヒー」までの明確な品質のピラミッドができ、海の向こうの生産者から個々の珈琲店、初心者をも含めた愛飲する皆さんまで、関わる人たちそれぞれにきちんと敬意が持たれて文化的で品格のある趣味になってこそ、それは完成するのかもしれません。

　そのためにまず必要なのは、自分が美味しいと思ったコーヒーを素直に「美味しい」と言える市場になることでしょう。何でも「最高級豆使用」と称したり、マニアック感に酔いたいがために安易に「このコーヒーにはかすかなピーチの風味が……」などと論じるのも、私はあまり感心しません。

これはたとえ話ですが、若い時に飲んだお酒は、案外、今飲むと美味しくなかったりするものです。自分の舌が年相応に肥えたのでしょう。また、違う土地、違う店で飲めば、楽しみもまた違います。

自分自身の「美味しい」という基準をまず作り、そのハードルを少しずつ上げていく。個人の内面での話になりますが、それを許容できる社会にしたいと考えます。誰もが最初は初心者ですし、最初はあまり味など分からないもの。とはいえ我々コーヒー屋はあまり味の見解や良し悪しを押し付けず、お客さんに任せればいいと思います。

店がすべきは指導ではなく、手札をたくさん見せてあげること。つまり、多種多様な美味しいコーヒーがあると伝えることでしょう。

また、インターネットの普及でSNSや動画投稿サイトでの誤った情報の氾濫も、専門家として大いに危惧しています。さして調べもせず経験もない人たちが、いかにも正しいかのようにコーヒーについて論じています。しかも、それはいわゆるコピペ、コピー&ペーストで拡散されています。若い人は特に情報源をインターネットに頼っていますから、SNSにあったことや動画で見たことを、割と簡単に「真実」と思って覚えているのです。私のところにも「動画で見たんですが、あれは正しいのですか?」といった質問がきて、時々、突拍子もない間違いであったりして驚かされます。

そんな誤りをいくつか挙げましょう。

ネットでブルーマウンテンコーヒーを検索すると、多くのコーヒー屋さんのホームページでブルーマウンテンとは、「ブルーマウンテン山脈の標高800〜1200メートルで収穫されたコーヒー」と書かれています。私は、7年半ジャマイカに住みブルーマウンテン山脈で3農園を開拓しました。いったいどこからこんな誤った情報が流れたのかと思うとガッカリです。

正しくは「ジャマイカのコーヒー産業公社が定めた、海岸から山に向かって300メートルを超えたブルーマウンテン山脈内の畑で栽培されたコーヒー」が、ブルーマウンテンコーヒーであって、高度の上限はありません。中には、山脈の中腹で穫れるのがハイマウンテンコーヒーで、高地で穫れるのがブルーマウンテンと書かれたホームページもありました。島の中央部と西側にハイマウンテンコーヒー地区がありましたが、現在ではブルーマウンテン地区以外で収穫されたコーヒーの中から、品質のよいものを選んでハイマウンテングレードと称するように変更されました。誰かが誤った情報を流し、それがコピペされて広まったのでしょう。

また、日本のほとんどの店で豆の選別を「ハンドピック」と言っているのも、4章で述べた通り、業界全体に誤った用語が流布した結果です。

それから、焙煎前に生豆を水洗いする必要はありません。「産地では果肉除去の際に泥水のような水を使っている」というのも誤りです。水洗式のプロセスでは、大量の水を浪費しないようリサイクルして水洗しているので、泥水のように見えるのは果肉の色が水についているだけです。それに果皮除去機に入れる前に、水に浸けて夾雑物《きょうざつぶつ》（混ざっている種々雑多な異物、葉や枝、土など）を取り除き、次に浮力でコーヒーチェリーの品質選別をします。つまり泥や土が豆につくチャンスはまったくありません。1章で乾燥後のコーヒーのプロセスを説明しましたが、ここでも土がつくような可能性はゼロです。

薄い緑色をしたコーヒー生豆は固く、輸送中に擦れ合ってできた微粉がつきます。これはホコリや汚れとは違い豆の一部です。乾燥させた生豆をわざわざ水に浸けて、この微粉を取らなくても大丈夫です。焙煎時には200度以上で焼くので、それらの細かい粉はあっという間に燃えてなくなり、味への悪影響もありません。

各焙煎店での生豆の保管方法について誰も触れないのも、おかしなことだと思います。生豆は含有水分値が9〜12％の状態で輸入されますが、保管してある場所のコンディションによって、水分値は12％以上に上がったり、9％以下に下がったりします。どちらも生豆の品質に大きく影響します。さらに気温の変化が加われば、劣化のスピードは加速します。そのあたりに注意して生豆を保管すべきですが、麻袋のままで焙煎機の脇にどさっと置かれた風景をよく見かけます。焙煎店はもっと生豆の保管方法に注意を払う必要があると思います。

日本で出版されているコーヒー関連書籍の中には、産地の情報について、明らかな訳し間違いや、質問する相手を間違えて誤った答えを教えられ、それを自説のように記述したものが見受けられます。

これには言葉の問題が大きく関わっています。ほとんどのコーヒー屋さんは、産地に行くと商社に案内してもらいます。コーヒーの商いのプロですが、栽培や精選の知識はありませんし、スペイン語や英語を話せても専門用語には不慣れです。また生産国によって方言がありますし、単位が違います。たとえば、面積でもヘクタールを使う国があればエーカーもあるし、マンサーナもあるしライもあります。コーヒーの重さを量るのもキロもあればポンドもあるし、アローバやキンタールとさまざまです。

さらに、重さで量る生産国ばかりではありません。ボックスやファネガスのように体積で表示する生産国があります。またその数字がコーヒーチェリーなのか、パーチメントなのか、生豆なのかによっても数字が大きく変わります。しかも「遠く日本から来てくれた人の質問には、知らなくても答えてあげよう」と考えるような、サービス精神が旺盛な人がいます。

ですから本を読んでいると、思わず吹き出してしまうような間違いが書かれています。

繰り返しになりますが、産地名や農園、銘柄を盲目的に信じるのも危険です。どんな素晴らしい農園でも、収穫したコーヒーすべてが最高級ではありません。選別の精度によって価格も品質も変わってきます。もっと厳密に言えば、いつ収穫したかによって1本の木でも品質の差は出てきます。

変わったプロセスや品種に安易に飛びつかない

日本のコーヒー流通システムのひとつに、有名自家焙煎店グループの共同購入があります。著名な焙煎店が主催し、傘下の店を束ねて共同で買い付けをするというものです。傘下にはかつて修業した門下生や主催するコーヒー教室の卒業生が多いのですが、このようなグループの中にはサステイナブルではないケースも見受けられました。いったんこのグループに入ると、ほかから生豆を買ってはいけないという縛りが発生します。もっと自由に生豆を選びたいと掟を破った店は、仲間から外されてしまうようなことが現実にあったそうです。

以前プロ向けにコーヒーのセミナーを開催していた時期がありましたが、「受講していることを秘密にして欲しい」とか「外に分からないように生豆を買えないか」と聞かれたことが何回かあり、巷で言われていることは本当なのだと実感しました。

また、品評会ものとしてよく挙がるＣＯＥ（カップ・オブ・エクセレンス）の豆については、５章でも触れた通り、最新年度の「ニュークロップ」でない古い豆を売っているケースもあるので要注意です。グループで購入した高い受賞豆を割り振られ在庫を抱えてしまったという話をよく耳にしました。

ブルーマウンテンコーヒーの神話が崩れてしまったのも、流通や販売の打ち出し方に問題があったからです。

ブルーマウンテンとハワイコナだけは、昔から国際相場とは関係なく値が決まり「グルメコーヒー」と呼ばれていたのは前述の通りです。２００８年にリーマンショックが起こり、もともと高価だったブルーマウンテンは世の不況で売れなくなりました。それまでブルーマウンテンは黙っていても売れる人気銘柄で、全生産量の90％以上を日本が輸入していましたから、大量の在庫が倉庫に積まれました。その後少しずつ経済がよくなると、そのコーヒーが製品化され市場に出回りましたが、それは４～５年も倉庫に眠っていた劣化したブルーマウンテンです。

サードウェーブの時流に乗った若い人たちがそれを飲んでも、当然「ほかのシングルオリジンに比べて美味しくないな」となります。それでブルーマウンテンは高いだけのたいして美味しくもないコーヒーと思われてしまい、ブルーマウンテン神話は崩壊しました。現地の農園を自ら切り開きブルーマウンテンの魅力を広めてきた私としては、とても悔しく思っています。本当のブルーマウンテンは美味しいのです。

変わったプロセスや品種にすぐに飛びつく、昨今の安易な風潮はやはり感心できません。スペシャルティコーヒーがすべてではなくコモディティコーヒーもあってこそだというのも、すでに述べた通りです。焙煎店も消費者も、分かりやすいブランドやラベリングに安住せずに、自分自身が「美味しい」と感じたものを探したいものです。

日本酒とコーヒーは大手企業が存在したこともあり、結果的に、彼ら自身の売りたい内容が通説として広まってしまいました。一時期、消費者の日本酒離れが進んだのもそのためでしょう。ところが昨今では、地方の酒蔵の若い人たちが本当にいいものを作ろうと奮闘し、好転しつつあります。

コーヒーもそうなってくれればと、私は思っています。自家焙煎の若い人たちに頑張ってもらいたい。けれどコーヒーは主に開発途上国から来るものだけに、言葉の問題から正確な情報が取りづらい難しさがあります。若い人が増えているのはとても喜ばしいものの、願わくばぜひ、若い人こそ「正確な情報を得る」ことに気をつけて欲しいと思うのです。

ここ10年でコーヒーはずいぶんメジャーになりました。日本には美味しいコーヒーがよりいっそう各国から集まるようになり、カフェや器具類も格段にお洒落になりました。長く続けるためにはうわべだけでない本質を見極める努力も欠かせないと思います。

自分が美味しいと思うコーヒーをいろいろな店に行って発見し、自分のスタンダードを作ること。それを日々アップグレードしていくこと。そんな姿勢が大切です。結局は嗜好品ですし、自分が美味しいと思ったものが一番いいのです。

コーヒーハンターの私が目指す、今後の目標

業界に長くいる私がこれからやりたいことのひとつは、コモディティコーヒーの底上げです。コーヒーの価格は今後、値上がりする一方でしょう。カーボンニュートラルに向けた対策が各所でなされれば、燃料や輸送費だけでなく、すべてのものが高くなるはずで、コーヒー生産もその影響を避けられません。サステイナブルな栽培や人権問題への配慮、耕作面積の問題なども今後どうなるか分かりません。ずっとコーヒーに人生を捧げてきた私の使命として、消費者に、美味しくて安全なコーヒーを供給し続けなければ、と考えます。

それには、まずコーヒーそのものの価値を上げなければいけません。うわべだけのブランド的な価値ではなく、ウイスキーやブランデー、ワインなどのように、

価格と価値をしっかり適合させる必要があります。その意味でも普及品でありデイリーなコモディティコーヒーを広め、なおかつコモディティの中にもグレードをきちんとつけたいのです。

クオリティのセグメントを明確に分けるためには、一般消費者の皆さんの力も必要です。もしもレストランやホテルで出されたコーヒーが美味しくなかったら、ちゃんと「これは美味しくない」と、また美味しかったら「美味しい」と言ってください。それによって店側もコーヒーの品質に正面から向き合うようになるでしょう。

そして本業中の本業、コーヒーハンターの私としては「まだまだ、世界のどこかに私が探し当てるのを待っている美味しいコーヒーがあるはずだ」と思っています。未知の品種を世界のどこかから探し出すことは、かなりの長期戦です。

目の前の目標は、2019年にキューバのグアンタナモ州でキューバ政府の協力のもと発見した、密林に埋もれて忘れ去られた19世紀のティピカから苗を作り、

ブルーマウンテンのジュニパーピーク。最も朝日が早く当たる畑は寒暖差が大きく、密度の高いコーヒー豆になる。

写真４点はいずれもキューバ、19世紀のティピカ探索の旅。悪路で動けなくなったり、馬しか入れない密林に入り込んだりして、奇跡的にフランス人生産者の農園跡を見つけた。

商業栽培化することです。

18世紀後半に起きたアフリカ系奴隷によるハイチ革命で島を追われた宗主国のフランス人コーヒー生産者は、アラビカ種ティピカの苗を携えて60キロ離れたキューバ東部へと逃げました。これがキューバのコーヒー商業栽培の始まりと言われています。このティピカは、マルティニーク島に伝わった最初のティピカの系統です。

その後いったんは世界屈指のコーヒー生産地となりましたが、戦争や奴隷解放、度重なるハリケーン被害などでフランス人生産者は姿を消し、生産量も激減しました。その後は、島の中部が主なコーヒー産地となり1980年代はクリスタルマウンテンコーヒーとして日本にも輸出されていました。しかしサビ病が伝染し、病気に弱いティピカは忘れ去られてしまったのです。

そんな幻のコーヒー豆を見つけ出すのは大変でした。最初の調査は2017年4月。その後、外国人の立ち入りが規制されているエリアに入るためにキューバ政府を説得し、2年半の歳月をかけてついに発見することができました。このティピカを復活させるプロジェクトも、準備を進めています。コロナ禍が落ち着き次第すぐさま現地に赴いて、続けたいと考えています。

コーヒーは一見すると机上のカップの中にある黒い液体に過ぎないけれど、かように壮大なロマンを秘めた飲み物でもあります。私のコーヒーへの夢はこうした冒険心に満ちたところから来ることが多いのですが、皆さんはいかがでしょうか。興味は人それぞれで構いません。あなた自身のコーヒーとの接点を見つけ、コーヒー趣味をより幅広く、奥深いものにしてください。そうすれば、まさにコーヒーこそが、あなたの人生をより豊かにしてくれることでしょう。

おわりに

ニューヨークから羽田空港行きの便にて帰国する機内で、この原稿を書いています。

２０２０年3月にハワイ島コナから帰国して以来、コロナ禍の影響で産地への訪問が遠のいてしまいました。これまで1年のうち、１５０日前後は生産国に滞在していたので、こんなに長く日本にいたことはありませんでした。

今回26か月ぶりに日本を出て、アメリカ経由でグアテマラ、エルサルバドル、ホンジュラス、コスタリカ、パナマ、ジャマイカを回る予定を立てました。もちろんこの期間も産地とはオンライン会議などで連絡を取り合ってきましたが、産地に行って直接生産者と話しながら畑を見られないことにもどかしさを感じていました。

各国で久々の訪問を歓迎してもらい、一緒に畑を歩き食事をして空白の2年半は瞬く間に埋まりましたが、やはりコロナ禍前と後ではコーヒー産地の状況は大きく変わっていました。新型コロナウイルスが猛威を振るった期間も、主産業のコーヒー関係者には移動制限はなく、生産者も精選業者も輸出業者も普通の活動ができました。しかし収穫労働者や輸送、港湾に関わる人々の移動制限があり、実質的には滞ってしまっていました。

また、世界的な輸送用のコンテナ不足は、コーヒーの輸出に大きな影響が出た上、運賃の高騰は円安と相まって日本のコーヒー業界には大打撃を与えています。海上輸送のコンテナの運賃は、一時4倍近くまで跳ね上がり現在も高止まり状態が続いています。

さらに、ロシアのウクライナ侵攻もコーヒー生産国を苦しめています。この2か国は、化学肥料の原料の最大の輸出国です。ロシアに対する経済制裁とウクライナの機能不全によって、世界的に化学肥料不足になっており、今回訪問した国々でも必ず肥料価格の高騰を嘆く声を聞きました。

最低でも2倍、高い国では3・5倍になっています。肥料が高騰すると考えられるのは、品質と収穫量の低下です。コーヒーの国際相場は、この2年間高値を維持しています。これ以上高くなったら市場を失うことを生産国が恐れていますから、簡単には値上げを言い出せません。そうなると与える肥料を減らすか代わりになるものを用意しなくてはなりません。実際、堆肥の生産量を増やしたという話をあちこちで聞きました。

また原油価格の高騰も深刻です。ホンジュラスを訪問する予定にしていましたが、エルサルバドルを発つ2日前に、ガソリン価格の高騰に対するデモがホンジュラスの産業の中心地サン・ペドロ・スーラ市で発生し、幹線道路の封鎖や一部でデモ隊が暴徒化し、私が到着しても空港から外に出られない可能性があるので、「今回の訪問は残念だが延期して欲しい」と現地から連絡がありました。またガソリン価格の話題は、すべての生産国で出てきました。

今回5か国の生産国を訪れて、コーヒーの精選のプロセスに対する考え方が、生産者によって分かれていることに気がつきました。これまでのトラディショナルな精選方法に対し、嫌気性発酵やイースト菌発酵、インフューズドなどの新しいプロセスがあることは本文でも書いた通りです。

①トラディショナルなプロセスを貫く生産者
②収穫物の一部を新しいプロセスで加工する生産者
③ほぼ全量を新方式にする生産者

①は古くから栽培に関わり売り先を持っている生産者、②は研究熱心で自分で結果を見極めたい生産者、③は比較的最近消費国に販売を始めた生産者、という傾向があるように思われます。

新しいプロセスが、確実に広まりつつあることは産地で実感しました。ただし品質は生産者によって、ピンキリです。ただ単に流行っているから、売れそうだからと行っている農園もあれば、独自に工夫して上を目指している農園もあり、まちまちです。これも最後に残るのは、やはり物珍しさより本物の品質を作れる生産者でしょう。
私が次に本を書く時には、新しいプロセスで生き残った生産者の取り組みを書くことになるかもしれません。パナマの品評会「Best of Panama」も、今年は昨年とはさらに違ったディビジョン制にすると言っていました。
コーヒーは、どんどん変化しています。特にこの20年で大きく変わりましたし、今後もさらに新しいプロセスや抽出方法が生まれるでしょう。

本書では、コーヒーの基本を中心に書きました。読者の皆さんには、やはり基本から入って欲しかったからです。最終的には、言葉遊びや根拠のない説明を鵜呑みにしてしまわず、自分が一番美味しいと思ったコーヒーが一番です。それでこそ嗜好品ですから。

２０２２年5月28日　アラスカ上空にて

José. 川島良彰

付録　知っておきたいコーヒー用語事典

【あ】

ICO（アイシーオー）　国際コーヒー機構。1963年、国際コーヒー協定の運営を管理するために発足した政府間組織。現在の活動はコーヒー産業の発展・消費の振興に主眼が置かれている。

アメリカン　浅煎りのコーヒー豆で淹れたさっぱりとしたコーヒー。砂糖やミルクを加えずにたくさん飲むのがアメリカンスタイル。

アラビカ種　エチオピア原産とされる種で、高温多湿の環境に弱く、一般には比較的標高が高い、冷涼な土地で栽培されている品種。優れた香味・風味をもつ。高品質なストレートコーヒーのほとんどがこれ。

アロマ　コーヒーを抽出したのちに立ちのぼる香りのこと。

アナエロビック　嫌気性発酵の意。近年開発された発酵プロセスのひとつで、一般的な好気性発酵と違い、密閉することで酸素に触れさせず、酸素なしで活動できる微生物によって発酵させる。２０１４年のコスタリカＣＯＥで初めてそのコーヒー豆が出品された。もとはワイン醸造に用いられる手法。

インスタントコーヒー　抽出したコーヒー液の水分を乾燥または蒸発させて粉末状にしたもの。

ＳＣＡＡ（エスシーエーエー）　アメリカ・スペシャルティコーヒー協会。１９８２年、スペシャルティコーヒーの世界的な指標・基準の普及を目的に発足した組織で、コーヒー豆の生産者・卸問屋・焙煎所などさまざまなコーヒー関係者が構成員となっている。

SCAJ（エスシーエージェイ） 日本スペシャルティコーヒー協会。2003年、日本でのスペシャルティコーヒーの普及・啓蒙を目的に発足した団体。プロのコーヒー販売員の育成を目指す「コーヒーマイスター養成講座」や「ジャパン・バリスタ・チャンピオンシップ」の主催などの活動をしている。

エスプレッソ イタリア語で「早い、急行」の意。数十秒と短い時間で30ccほどを抽出することからこう呼ばれる。人工的な圧力を使った抽出方法。イタリアのバールでは砂糖をたっぷり加えて立ち飲みで楽しむスタイルが多い。

オーガニックコーヒー 無農薬、有機栽培のコーヒー豆またはこの豆から抽出したコーヒー。

オールドクロップ　収穫されて2年以上経った生豆で、含有水分量が少ない。オールドコーヒー、エイジドコーヒーとも呼ばれる。一部で珍重されるものの、味わいの面では、やはり古いコーヒーであることは否めない。

【か】

カップ・オブ・エクセレンス　生産国ごとに行われるコーヒーの国際品評会。その年に生産され、厳しい審査会において高く評価されたコーヒーに対して与えられる。国内外の審査員により最低5回以上行われるカップテストを経て選ばれる。開催は通常年1回、２０２1年は12か国で催された。ＣＯＥ（シーオーイー）と略して呼ばれることもある。

カップテスト　コーヒーの品質を見極めるための官能検査。

カネフォラ種　ブレンドの材料やインスタントコーヒーの原料として利用されることが多く、これの代表格であるロブスタ種は主に東南アジアの低地などで栽培される。強い苦みとロブスタ臭とも言われる独特のクセがあるが、比較的育てやすい。一般には病害虫にも強いとされるが、これは特定の病気や線虫には耐性があるだけで、必ずしもすべてに強いわけではない。

キュアリング　精選し乾燥が終わったコーヒー豆を冷暗所に保管して、乾燥工程で受けたストレスを抜き、休ませる作業。

ゲイシャ種　アラビカ種の原種のひとつ。エチオピア南部・ゲシャ村に由来し、ジャスミンの花にも例えられる独特の香りが特徴。パナマ産ゲイシャが品評会で高評価を得て以降、世界的にブームになった。

欠点豆　虫食いや割れ、空洞のある豆、未成熟の豆など、味を落とす原因となる豆。味に及ぼす影響度によってポイントの数え方が変わる。

嫌気性発酵　アナエロビックの項を参照。

コーヒー　アラビア語でコーヒーを意味する「カフア」が転訛したもの。また一説にはエチオピアのコーヒー産地「カッファ」がアラビア語に取り入れられたともいわれる。この語がコーヒーの伝播に伴い、広がったもので、日本には江戸時代にオランダからもたらされた。

コーヒーの日　1983年に全日本コーヒー協会が10月1日をコーヒーの日とした。国際協定により定められたコーヒー取引の新年度が10月1日であることにちなむ。

コーヒーベルト　南北緯25度以内の熱帯地方でコーヒーの栽培が可能なエリア。地球をベルト状にとりまくこの一帯にはその栽培に適した気候風土があることから、多くの生産国がある。

コーヒー豆　アカネ科コフィア属の熱帯植物コーヒーノキの種子。直径1・5〜2センチほどの果実の中心に、向かい合う形で2粒の種子がある。英語でも豆を意味する語を当て「coffee bean」と呼ぶが、実際は種子。

コーヒーチェリー　コーヒーの実のこと。赤く熟したコーヒーの実がサクランボに似ていることからこう呼ぶ。

【さ】

サードウェーブ　アメリカにおける「コーヒー界の第3の波」。西海岸で200

0年代前半に起こり、高品質なスペシャルティコーヒーを主に扱う。諸説あるが、1980年代に中小の会社が集まってアメリカ・スペシャルティコーヒー協会（SCAA）を発足させたのがファーストウェーブ、1990年代のシアトル系エスプレッソコーヒーの流行がセカンドウェーブというのが本書筆者の見解。昨今日本の巷で言われる「サードウェーブ」は、アメリカのサードウェーブが日本に逆輸入されたことを指すと言える。

サイフォン　風船型のガラス容器を上下に備え、気圧差による湯の移動を利用して抽出する器具。19世紀にヨーロッパで発明され、日本には大正時代に伝わったという。化学実験をするかのような操作の面白さに加え、慣れれば誰でも安定した抽出ができるのも利点。

サスティナブルコーヒー　サスティナビリティー（sustainability＝持続可能

性）に配慮したコーヒーのこと。現在のことだけではなく未来のことも考えた上で、自然環境や人々の生活をいい状態に保つことを目指して生産・流通されたコーヒーの総称。

サングローン　日陰樹を使わず日なたでする栽培のこと。対義語は日陰栽培を表すシェードグローン。

シアトル系　アメリカ・ワシントン州シアトルを中心とした西海岸から発展したカフェスタイル。浅煎りのアメリカンではなく、深煎りの豆で抽出するエスプレッソをベースとしたバリエーションコーヒーで人気。スターバックスやタリーズ、シアトルズベスト、ピーツコーヒー＆ティーなどが代表格。

シェードグローン　日陰栽培。大きな日陰樹（シェードツリー）の下で栽培する方法。対義語はサングローン。

自家焙煎店　生豆を店で焙煎し販売する小規模店。これに対し中規模以上の卸がメインのコーヒー焙煎業者をロースターと呼ぶ。

スクリーン　生豆の大きさを表す世界基準。スクリーンナンバーが大きいほど粒が大きい。

スペシャルティコーヒー　日本スペシャルティコーヒー協会（ＳＣＡＪ）では次のような定義を定めている。曰く、「消費者の手に持つカップの中のコーヒーの液体の風味が素晴らしい美味しさであり、消費者が美味しいと評価して満足するコーヒーであること。風味の素晴らしいコーヒーの美味しさとは、際立つ印象的な風味特性があり、爽やかな明るい酸味特性があり、持続するコーヒー感が甘さの感覚で消えていくこと。カップの中の風味が素晴らしい美味しさであるためには、コーヒーの豆からカップまでの総ての段階において一貫した体制・工程・品質管理が徹底していることが必須である」。

精選　コーヒーの実から種子を取り出し生豆までにする加工作業。

全日本コーヒー協会　日本のコーヒー産業の発展を図るために設立された協会。1953年発足。1980年に社団法人化。

ソーティング　欠点豆を取り除く作業。機械で行うのをメカニカルソーティング、手選別をハンドソーティングという。日本ではこれを一般にハンドピックと呼んでいるが、英語の誤用。ハンドピックとは本来、収穫時の手摘みのことを指す。

【た】

ドライコンテナ　運搬用のコンテナで空調設備がないもの。これに対し空調があり定温輸送ができるコンテナをリーファーコンテナと呼ぶ。

ドライミル　コーヒーの実を乾燥させた後に、生豆にするまでの作業。

【な】

生豆　コーヒーの実を精選し、果皮、内果皮（パーチメント）を取り除いた状態のもの。焙煎する前のコーヒー豆。人によっては「きまめ」と読む場合がある。

ニュークロップ　その年に収穫、出荷されたコーヒー豆のこと。

ネルドリップ　ネルとは起毛した織物・フランネルのことであり、このネルで作られた布製のフィルターでコーヒーを抽出すること。舌触りが滑らかでコク深い味わいになるのが利点だが、ネルは使用の度に煮沸洗浄して水に浸けたまま冷蔵庫に保管する必要があり、手間はかかる。

【は】

パーチメント　コーヒー種子（いわゆるコーヒー豆に相当）の外側についている皮。種皮。

焙煎　生豆をから煎りし、独特の香味を引き出す。何度の熱に何分さらされたかで香り、味わいが決まる大切な作業。ロースターと呼ばれるコーヒー豆卸業者のほか、小売りをするビーンズショップや喫茶店などでも行われる。直火焙煎、熱風焙煎、遠赤外線焙煎、マイクロ波焙煎などさまざまな焙煎方法がある。一般的な直火焙煎では、10〜20分程度の焙煎時間が必要。

ハンドピック　ソーティングの項を参照。

ピーベリー　通常はほぼ同じ大きさの2粒の種子が向かい合ってひとつの果実に収まっているが、片方の1粒だけが大きく丸みを帯びて成長したものがあり、えんどう豆のような形状なのでこう呼ぶ。

フレーバーコーヒー　コーヒー豆を焙煎する時に、食品香料でココナツやチョコレート、バニラなどの香りをつけたもの。

ブレンド　複数種のコーヒー豆を配合すること。またその粉で淹れたコーヒー。

フレンチプレス　プランジャーポット、カフェプレスとも。コーヒー粉を入れ、粉が浸るほどの湯を入れて蒸らし、その後全量の湯を注ぎ4分ほど置いてからフィルター部分を押し下げて抽出する。手軽に美味しいコーヒーが淹れられる抽出方法。

ベトナムコーヒー　フランス領時代のベトナムに伝わった金属製の組み合わせ式フィルターカップを使う。たくさんの穴があいたこのフィルターに、粗挽きした深煎りの粉と湯を入れ、カップに乗せて5〜10分かけて抽出する。あらかじめ練乳を入れたカップに落とすのが一般的。

ペーパードリップ　紙製のフィルターを使う抽出方法。

【ま】

水出し　湯ではなく水を使って抽出する方法。一般には大きな砂時計のようなウォータードリッパーを用いて水を点滴状にコーヒー粉に落とし、8時間ほどかけてじっくり抽出する。この透過式のほか、麦茶のようにコーヒー粉の入ったパックを浸けておくだけの浸漬式もあり、家庭では手軽。

ミューシレージ　コーヒーの実から種子を取り出した際に、種子を覆う種皮の外側にある粘質。これを除去する方法や、除去するかどうかなどによって味わいは変わる。最も一般的な精選方法のウォッシュトでは、水洗いで取り除く。

ミル　焙煎したコーヒー豆を抽出器具に適した粒度に挽く機械。グラインダーとも。挽き方により粗さが変わり、同時に味わいも変わる。通常のドリップコーヒーの場合は中挽きよりもやや粗目程度がいい。少量を手挽きする家庭用、電動ですばやく均一に挽ける据え置き型、業務用の大型のものなど各種あり、いずれも粒度の均一性と微粉の少なさが、いい機種選びのポイントとなる。

【ら】

リーファーコンテナ　運搬用のコンテナのうち、空調設備があり定温輸送ができるもの。コーヒー生豆をコンテナ船で運ぶ場合、このコンテナであれば赤道付近などでの高温環境を避け、生豆を劣化させずに運ぶことができる。

レギュラーコーヒー　インスタントや缶コーヒーと区別する呼称で、豆から抽出して飲むコーヒーのこと。

ロブスタ種　カネフォラ種の中の代表的な種。カネフォラ種の項を参照。

ロースター　豆を焙煎する人と、中規模以上の卸がメインの焙煎会社の両方の意味がある。

●著者プロフィール
José. 川島良彰（ほせ・かわしま・よしあき）
1956年静岡県生まれ。1975年中米エルサルバドル国立コーヒー研究所に留学し、コーヒー栽培・精選を学ぶ。大手コーヒー会社に就職。ジャマイカ、ハワイ、インドネシアで農園開発を手掛け、マダガスカルで絶滅危惧種の発見と保全、レユニオン島では絶滅したといわれた品種を探し出し、同島のコーヒー産業復活を果たす。2007年に同社を退職後、日本サステイナブルコーヒー協会を設立し、2008年に株式会社ミカフェートを創業。

マイナビ新書

人生を豊かにしたい人のための珈琲

2022年6月30日　初版第1刷発行

著　者　José. 川島良彰
発行者　滝口直樹
発行所　株式会社マイナビ出版
〒101-0003　東京都千代田区一ツ橋2-6-3　一ツ橋ビル2F
TEL 0480-38-6872（注文専用ダイヤル）
TEL 03-3556-2731（販売部）
TEL 03-3556-2735（編集部）
E-Mail pc-books@mynavi.jp（質問用）
URL https://book.mynavi.jp/

編集　高橋敦史
装幀　小口翔平＋後藤司（tobufune）
DTP　富宗治
印刷・製本　中央精版印刷株式会社

　ISBN978-4-8399-7875-4
Printed in Japan